Die Alt-ernative

Franz Alt

Die Alt-ernative

Plädoyer für eine sonnige Zukunft

edition ✛ chrismon

Bibliografische Information der Deutschen Nationalbibliothek:
Die Deutsche Nationalbibliothek verzeichnet diese Publikation in
der Deutschen Nationalbibliografie; detaillierte bibliografische
Daten sind im Internet über http://dnb.d-nb.de abrufbar.

Printed in Germany

Das Buch wurde auf alterungsbeständigem Papier gedruckt.

Cover: Ellina Hartlaub, Frankfurt/Main
Layout: makena plangrafik, Leipzig
Druck und Bindung: BELTZ Bad Langensalza GmbH

ISBN 978-3-96038-208-9
www.eva-leipzig.de

Inhalt

1 Das Jahrhundert der Genossenschaften

Was sind die großen Fragen unserer Zeit?

Wie gelingt ein gutes Leben für alle bei mehr Gerechtigkeit? Wie organisieren wir die weltweiten Wanderbewegungen ohne Bürgerkriege? Wie lösen wir die Überlebensfrage der Klimaerhitzung? Wie lernen wir, was nachhaltiges Wirtschaften ist? Wie schaffen wir einen Ausgleich zwischen Arm und Reich? Wie wollen wir wohnen und wie uns in Zukunft fortbewegen? Die Digitalisierung sowie die Künstliche Intelligenz verändern nicht nur unsere Arbeits-, sondern unsere gesamte Lebenswelt. Wie bestimmen wir in Anbetracht dieser Entwicklung Wert und Würde des Menschen?

Wenn Ihnen eine dieser Fragen nicht mehr aus dem Kopf geht, ist dies ein Hinweis darauf, dass sie Ihnen eine Herzensangelegenheit ist. Manchmal bekommen wir durch unsere Fragen völlig andere Antworten, als wir erwartet haben: 1968 flogen die Weltraumfahrer los, um den Mond zu erkunden, aber sie entdeckten die Erde – unsere Erde als wunderbaren »blauen Planeten«

in seiner ganzen Schönheit vor dem Hintergrund des grenzenlosen schwarzen Kosmos.

Die oben genannten Fragen sind auch die Ur-Fragen der abendländischen Philosophie, die schon Platon, Aristoteles und Sokrates vor mehr als 2.000 Jahren gestellt haben. Platon war überzeugt davon, das Beste sei weder Krieg noch Rebellion, sondern Friede und ein Geist der Gerechtigkeit. Der Philosoph Christoph Quarch nennt Platon in seinem erkenntnisreichen Buch »Platon und die Folgen« den »folgenreichsten Denker unserer Geschichte«. Platon hat als erster Abendländer eine ökologische Ethik entwickelt, indem er die Frage stellte, wie ein gutes, wahres Leben gelingt. Der griechische Philosoph plädierte für ein Leben in Harmonie mit der Natur. Damit eine Rose prächtig blüht, braucht sie genügend Nährstoffe, Sonne und Wasser. So ähnlich ist es bei den Menschen. Allerdings: Zu Platons Zeiten lebten etwa 200 Millionen Menschen, heute sind wir 7,7 Milliarden und bald über zehn Milliarden. Die griechischen Philosophen lebten noch in einer »leeren Welt«, wir leben heute in einer »vollen Welt«, so formulierte es mal Ernst Ulrich von Weizsäcker.

Nach meiner Lebenserfahrung ist eine ökosoziale Marktwirtschaft das effektivste System, in dem Milliarden Menschen ihre Träume von einer besseren Welt verwirklichen können, menschliche Kreativität freigesetzt, Ungerechtigkeit verringert und Freiheit gegen diejenigen verteidigt werden kann, welche sie einschränken wollen. Für diese globale ökosoziale Marktwirtschaft haben das Pariser Klimaabkommen sowie die Millenniumsziele der UNO bereits den Grundstein gelegt. Ich weiß natürlich, dass es einen großen Unterschied gibt zwischen positiv klingenden Zukunftspapieren mit schönen Zielformulierungen und der weit schwieriger zu erreichenden Umsetzung dieser Ziele. Aber ohne Ziele gibt es keinen Fortschritt. Zukunft ist möglich.

Das bewiesen auch die Väter der sozialen Marktwirtschaft im Nachkriegsdeutschland. Zwischen 1950 und 1980 hat das erfolgreiche Modell der sozialen Marktwirtschaft dazu geführt, dass Deutschland eine Aufstiegsgesellschaft wurde. Alle, oder zumindest die meisten, fuhren im Fahrstuhl nach oben. Heute, so diagnostiziert der Publizist Ilija Trojanow, sind wir eher eine »Rolltreppengesellschaft«: Einige fahren nach oben auf der Rolltreppe, sehr viele aber nach unten. Heute sind wir eher eine »Abstiegsgesellschaft«.

Auf- oder Abstieg – gesellschaftliche Zusammenbrüche waren in der Vergangenheit fast alle ökologisch bedingt. Klar ist: Eine neue Umwelt können wir nicht schaffen, aber wir können intelligenter mit ihr umgehen und sie schützen – auch aus Eigeninteresse. Natürlich kannst du allein nicht alles tun, was die Welt braucht. Aber alles, was du tun kannst, braucht die Welt.

Klar ist aber auch: Der Zusammenbruch der Natur hat bereits begonnen – direkt vor unserer Haustür. Die Klimaerhitzung und das Artensterben sind die deutlichsten Hinweise darauf. Jeden Tag verlieren wir zurzeit 150 Tier- und Pflanzenarten. Viele Arten verschwinden, bevor wir sie überhaupt entdeckt haben! Wir vergrößern die Wüsten täglich um 50.000 Hektar, verlieren 86 Millionen Tonnen fruchtbaren Boden und emittieren 150 Millionen Tonnen Treibhausgase – jeden Tag. Das machen wir morgen so und übermorgen und an jedem Tag der nächsten Jahre und Jahrzehnte. Nur: Auf Dauer geht das halt nicht! Es ist ja richtig: Eine Schwalbe macht noch keinen Sommer – aber ein Sommer ohne Schwalben und Schmetterlinge ist eben kein Sommer.

Die US-Raumfahrtbehörde NASA hat im Februar 2019 auf drastische und anschauliche Weise den Klimawandel beschrieben: Danach waren die letzten fünf Jahre die heißesten seit 1880. Pro Dekade hat sich die globale Temperatur um 0,07 Grad Celsius erhöht. Seit 1981 beschleunigt sich diese Erhöhung um 0,17 Grad pro Dekade, sie hat sich also mehr als verdoppelt. Die Oberflächentemperatur der Erde lag 2018 um 0,79 Grad Celsius über dem Durchschnitt des gesamten 20. Jahrhunderts – die Geschwindigkeit des Temperaturanstiegs hat sich bereits nahezu verfünffacht gegenüber dem letzten Jahrhundert.

Heute sterben die Meere. Ihnen geht die Luft aus, weil in immer mehr Regionen der Sauerstoffgehalt in den Ozeanen auf ein Minimum gesunken ist. Die meisten Lebewesen im Ozean können dort nicht mehr überleben. Ursache ist die Überdüngung. Das alles hält der Planet auf Dauer nicht aus. In Frankfurt und München, in Hamburg und Berlin könnte es bis 2080 so heiß werden wie heute im südlichen Afrika oder gar in Zentralafrika. Die Frage ist nicht mehr, ob dieses System zusammenbricht. Die einzig realistische Frage heißt: Wann bricht dieses System zusammen, wenn wir nicht noch rechtzeitig gegensteuern? Die Welt gerät aus den Fugen. Was also müssen wir ändern, wenn wir bleiben wollen?

Schon 1972, Willy Brandt war Bundeskanzler, hat uns der Club of Rome mit seinem Buch »Die Grenzen des Wachstums« auf die bedenkliche Lage der Menschheit hingewiesen. Aber seither fährt die ganze Welt mehr und größere Autos, die Anzahl der Flugreisen hat sich verfünffacht, die Zahl der Menschen hat sich beinahe verdoppelt, wir brauchen dreimal so viel Energie. 2018 produzierten wir eine Billion (1.000 Milliarden) Plastiktüten und haben sie weggeworfen. Aber in den deutschen Medien war die Enttäuschung über ein frühes Ausscheiden aus der Fußball-WM größer als die Sorgen über Umweltbelastung und Klimawandel. Und wer an Silvester bei unserer heutigen Feinstaubbelastung noch immer viel ballert, hat einfach einen Knall.

Die Zahl der in Deutschland durch Feinstaub verursachten Todesfälle ist weit höher als bisher angenommen, sagt im Januar 2019 eine Studie des Max-Planck-Instituts in Mainz, welche meine Kollegen von »Monitor« publiziert haben. Demnach sterben in Deutschland jedes Jahr 120.000 Menschen vorzeitig durch Feinstaub. Hauptverursacher ist die Landwirtschaft, so die Studie. Vor allem durch die Massentierhaltung. Nach dieser Untersuchung sterben an Feinstaub jedes Jahr etwa so viele Menschen wie durchs Rauchen.

Wir brauchen rasch eine hundertprozentige Energiewende. Und das heißt: ein solares Energiesystem, ökologisches Bauen, eine andere Landwirtschafts-, Ressourcen- und Wasserpolitik sowie ein nachhaltiges Verkehrssystem. Dagegen wehren sich viele Vertreter und Nutznießer des bisherigen Wirtschaftssystems heftig. Wir werden Geduld brauchen, bis wir wirkliche Veränderungen erreichen. Die Evolution zeigt, dass Veränderungen Zeit brauchen. Das gilt auch für menschliche Verhaltensmuster.

Das Jahr 2018 hat uns deutliche Hinweise gegeben auf das, was uns bevorsteht: Überschwemmungen im Frühjahr, eine Sommerhitze wie zuletzt 1540, die den Bauern bis zu 80 Prozent Ernteverluste brachte. Die vergilbten Blätter der Bäume begannen schon im August zu fallen. Im November waren Rhein und Elbe über weite Strecken so sehr vom Wasser entleert, dass die Schifffahrt nur noch stark eingeschränkt möglich war. Wo sonst Schiffe fuhren, wuchsen jetzt Tomaten und Melonen. In NRW wurde weniger als die Hälfte der durchschnittlichen Niederschläge gemessen. Und die Wälder waren in einem besorgniserregenden Zustand. Aber das Schlimmste: Wir schließen vor all dem die Augen. Wir sind von einer Art Naturblindheit befallen – eine Seelenkrankheit. Denn was, wenn erst die Bäume, die Fische und die Insekten sterben und dann wir selbst? Nur wenn immer mehr Menschen ihre lebendige Verbundenheit mit der Natur wiederentdecken, kann die Erde auch gesunden.

Ökoprozesse sind Liebesprozesse

Der Förster Peter Wohlleben aus dem Hunsrück hat in seinem Bestseller »Das geheime Leben der Bäume« aufgezeigt, dass auch Bäume miteinander kommunizieren, dass sie fühlen, sich stützen und helfen. Und plötzlich wird vielen wieder bewusst, was Gottfried Keller meinte, als er dichtete: »Trinkt, oh Augen, was die Wimper hält, von dem goldnen Überfluss der Welt.« Wir erleben gerade eine Art Rückkehr zur beseelten Natur – ein Hoffnungszeichen. Vielleicht sogar ein Quantensprung. Eine neue Ökopsychologie.

Und nicht nur das: Sogar Finanzhaie schalten um. Immer mehr Banken, Staatsfonds, Versicherungskonzerne, Stadtkämmerer, Universitäten und Kirchen schichten ihr Geld um, zum Beispiel von Kohlekraft und Ölgeschäften in erneuerbare Energien. Dabei handelt es sich bereits um Billionen-Investitionen. Ethisches Investment ist aktuell der große Renner.

Vor 30 Jahren waren erneuerbare Energien ein Traum von wenigen, heute sind sie die Hoffnung von vielen und morgen die Notwendigkeit von allen. Das Ökozeitalter und das Solarzeitalter haben begonnen, auch wenn die Große Koalition in Berlin das nicht wahrhaben will. Wir erleben gerade das Endspiel um Klimaschutz und ein letztes Aufbäumen der alten, atomar-fossilen Energiewirtschaft. Dadurch wachsen die Kosten des Nichtstuns ins Gigantische. Doch die Kohleförderung ist in wenigen Jahren klinisch tot. Das ist bereits absehbar – und zwar lange vor dem Jahr 2038, welches die Kohlekommission der Bundesregierung als Ausstiegsjahr vorgeschlagen hat. Weit früher werden erneuerbare Energien so preiswert sein, dass kein vernünftiger Ökonom mehr empfehlen wird, in Kohle zu investieren. Das 21. Jahrhundert kann noch immer ein Jahrhundert der Umwelt werden!

Um diese Zusammenhänge zu erkennen und in unser Herz zu lassen, bedarf es einer Revolution der Seele und eines tiefgreifenden neuen Verständnisses von Natur: Bäume und Tiere, Menschen und Wasser, Erde und Pflanzen bilden eine seelische Symbiose. »Wir brauchen einen neuen Bund«, sagt dazu der Biologe, Philosoph und Autor Andreas Weber und meint: »Dieser Bund folgt weniger Romantik als Realismus.« Wir werden wieder lernen müssen, dass alles, was wächst, beseelt ist – nicht nur Menschen, sondern auch Tiere, Pflanzen und Bäume. Und dass die Seelen- und Gefühllosigkeit die größte Krankheit unserer Zeit ist.

Weil wir diese Zusammenhänge verdrängt haben, sägen wir zurzeit an dem Ast, auf dem wir selber sitzen. Die sichtbaren Zerstörungen im Außen sind nur das Abbild der eher unsichtbaren Zerstörungen in unserem Inneren. Wir brauchen, wenn wir überleben wollen, tatsächlich einen neuen Bund mit der Natur. Wir sind auf radikale Gegenseitigkeit angewiesen, auf den Bund alles Seelischen. Alle werden zahlen, wenn wir uns weiterhin diesem Bund entziehen. »Leben ist Leben, das leben will inmitten von Leben, das auch leben will«, sagt Albert Schweitzer dazu.

Leben heißt Leben in Hülle und Fülle. Das ist das Gegenteil von Sparsamkeit. Leben ist Verschwendung. Wie die Sonnenenergie, die in atemberaubender Verschwendung vom Himmel fällt. Die Sonne ist das große Geschenk des Himmels, kostenlos, umweltfreundlich, für alle Zeit und für alle Menschen, alle Tiere und alle Pflanzen. »Ökoprozesse sind Liebesprozesse«, sagt Andreas Weber, weil sie die liebende Hinwendung zur Natur sind. Diese Zusammenhänge und die Innenseite des Lebens haben wir verdrängt durch unsere absolute Außenorientierung. Wir sind als Liebende geboren, aber zu Materialisten geworden.

Viele unserer heutigen Krankheiten haben etwas zu tun mit unserer Trennung von der Natur. Der japanische Medizinprofessor und Pionier der Waldmedizin Qing Li ist überzeugt: »Wahrscheinlich werden Ärzte in der Zukunft den Wald als Medizin verschreiben.« Mir selbst geht es mit jetzt 80 Jahren gesundheitlich besser als noch mit 70, weil ich bei täglichen Waldspaziergängen den Wald beim »Waldbaden«, wie die Japaner sagen, als enormes Heilungspotenzial entdeckt habe. Noch vor den Japanern sprachen chinesische Mediziner vom »Qi« des Waldes, einer Art Lebensenergie. Die heilige Hildegard von Bingen meinte dasselbe, als sie vor 900 Jahren schon von der »Grünkraft des Waldes« schwärmte. Wissenschaftliche Studien zeigen, dass – statistisch betrachtet – in bewaldeten Regionen weit weniger Menschen an Krebs erkranken und sterben als in unbewaldeten Gegenden oder Städten. Regelmäßiges »Waldbaden« kann sogar einen wichtigen Beitrag zur Krebstherapie leisten. Es unterstützt die natürlichen Abwehrkräfte und verringert die Gefahr, an einem Tumor zu erkranken. Dass wir auf Kontakt zur Natur angewiesen sind, basiert auf unserer Evolution in der natürlichen und nicht in der künstlichen Welt.

Zum Glück gibt es auch in vielen Städten große Parks mit vielen Bäumen, Tieren und Pflanzen, in denen »Waldbaden« möglich ist. Auch ein Girl aus New York City braucht Kontakt mit der Natur, meint der österreichische Biologe Clemens G. Arvay in seinen Wald-Büchern. Zum Glück sorgen auch viele Kommunalpolitiker für grüne Lungen in ihren Städten. Konrad Adenauer zum Beispiel tat dies schon in den dreißiger Jahren des letzten Jahrhunderts als Oberbürgermeister von Köln mit der Anlage eines Grüngürtels rund um Köln. Der nächste Stadtwald ist näher, als viele vermuten.

Die Natur wartet geradezu darauf, dass wir zu ihr nach Hause kommen. Natur ist unsere Heimat. Sie steckt in unseren Genen und zieht uns deshalb an. Grüne Städte sind auch soziale Städte, denn sie verbinden jung und alt, männlich und weiblich, Inländer und Migranten. Die Schönheit der Natur und die Gemeinschaft der Menschen sind füreinander geschaffen. Sie müssen wieder eins werden. Das Plätschern des Wassers, der Gesang der Vögel, das Rauschen der Wälder und die Gerüche der Blumen tun unserer Seele gut, beleben Körper und Geist und ordnen unseren Biorhythmus. Grüne Wintergärten bringen Natur in unsere Wohnungen und heben die fatale Trennung von drinnen und draußen auf.

Im Grünen dürfen wir die sein, die wir sind. Die Natur hat keine Meinung über uns, das wusste schon Nietzsche.

Eine bessere Welt ist möglich

Alles Leben ist beseelt und das Leben ist keine Maschine. Natur ist ein Raum der Verwandlung und Begegnung, ein Seelenraum. Wir teilen den Atem des Lebens mit allen Tieren und allen Pflanzen und allen Bäumen und mit allen Menschen aller Zeiten – auch mit Jesus und Buddha, mit Albert Schweitzer und mit Mahatma Gandhi, mit Nelson Mandela und mit Martin Luther King.

Grundvoraussetzung für ein freiheitlich-kreatives Leben ist, dass Menschenrechte geachtet werden, aber auch eine intakte Natur. Die wirtschaftliche Freiheit in einer ökosozialen Marktwirtschaft hängt immer mit anderen Freiheiten zusammen.

Der Friedensnobelpreisträger und »Banker der Armen« aus Bangladesch Muhammad Yunus fasst diese Idee so zusammen: »Ich glaube, dass es keine bestimmte Gruppe von Menschen gibt, die man Unternehmer nennen sollte. Jeder Mensch ist ein potentieller Unternehmer, und allen jungen Menschen sollte dieser Weg offen stehen. Wir alle können Unternehmer sein, und als Unternehmer bringen wir die Welt und die Wirtschaft zum Erblühen.« Sozial orientierte Unternehmen (Social Business) können die größten Probleme unserer Zeit entscheidend lösen helfen: die Armut beseitigen, die Arbeitslosigkeit abschaffen und eine nachhaltige Wirtschaft fördern. Kreative Entfaltung und Entwicklung ist nur in einem Klima der Freiheit möglich, niemals in einem Klima der Angst.

Macht- und Geldkonzentration verhindern freilich die Kreativität und Entwicklung aller. Für die Vision einer besseren Welt sind noch viele tiefgreifende Veränderungen notwendig. Allerdings: Auf der ganzen Welt arbeiten Millionen Menschen bereits an der Verwirklichung dieser Veränderungen. Jede und jeder von uns hat die Möglichkeit, die Welt zu verbessern. Der erste Schritt dazu ist wohl der schwerste: Unser Denken aus alten Strukturen zu befreien und zu transformieren. Jeder ist ein Siebenmilliardstel Teil des Problems. Die Frage aller Fragen heißt: Wie werden wir Teil der Lösung?

Wir benötigen ein Wirtschaftssystem, das den Bedürfnissen aller Menschen dient und nicht nur der Kapitalvermehrung von wenigen Milliardären. Denn wir haben neben der ökologischen und sozioökonomischen Krise auch eine Gerechtigkeitskrise und eine philosophische Krise: Wir orientieren uns an einer Form von Freiheit, die primär »die Freiheit der Starken und die Unfreiheit der Schwachen« ist, wie es Ernst Ulrich von Weizsäcker formulierte. Das ist weder gerecht noch enkelverträglich. Es besteht die Gefahr, dass wir ohne mutige Veränderungen in den nächsten Jahrzehnten global scheitern.

Ein Schlüsselwort zur Rettung ist das kleine Wort »möglich«. Nicht zufällig ist dieses Zauberwort im Titel mehrerer meiner Bücher: »Frieden ist möglich«, »Liebe ist möglich«, »Eine bessere Welt ist möglich«, »Die Energiewende ist möglich« – oft werde ich gefragt, ob ich, was unsere Zukunft angeht, ein Optimist oder eine Pessimist sei. Ich bin ein »Possibilist«. Alles ist möglich – das hängt meist von uns selbst ab. Das griechische Wort »Krise«, krisis, bedeutet so viel wie »Entscheidung«. Um Entscheidungen kommen wir in diesen Krisenzeiten nicht herum. Die indische Autorin Arundhati Roy sagte in einer Rede 2003: »Eine andere Welt ist nicht nur möglich, sie ist schon im Entstehen. An einem stillen Tag höre ich sie atmen.« Im Schoß einer alten Gesellschaft wächst immer eine neue heran.

Wie aus Krisen Chancen werden

Das Schicksal aller Menschen hängt voneinander ab und miteinander zusammen. Das Schicksal der Bauern in der EU hängt auch vom Schicksal armer Bauern in Afrika ab. Und das Schicksal der armen Näherinnen in Bangladesch hängt zusammen mit dem Leben von Investmentbankern an der Wall Street. »Social Business«, Geschäfte, die der Gemeinschaft dienen, sagt Muhammad Yunus, »ist vielleicht die höchste Form von Kreativität, zu der Menschen fähig sind.« Herkömmliche Unternehmen werden primär gegründet und betrieben, um möglichst viel Geld zu verdienen. Soziale

Unternehmen werden gegründet und betrieben, um Armut zu überwinden, wie es die Grameen Bank tat und tut, um die Umwelt zu schützen, wie es Energiegenossenschaften vorleben, um Arbeitslosigkeit zu verringern, Gesundheit zu fördern, bezahlbare Wohnungen für alle zu bauen oder um Flüchtlingen und Asylsuchenden bei der Integration zu helfen, wie es das Sozialunternehmen Mimycri macht.

Wir leben in einer Zeit großer technologischer Chancen für ein glücklicheres Leben, in einer Welt voller Reichtum und kreativer Chancen sowie grenzenlosem menschlichem Potenzial. Das alles kann unserem Leben und Streben einen tiefen Sinn verleihen.

Ein menschlicherer Kapitalismus ist möglich – eine ökosoziale Marktwirtschaft mit weniger Gier und Egoismus, mit mehr Gemeinwohl. Von der Ich-Wirtschaft zur Wir-Wirtschaft. Wir sollten nie vergessen, dass alles Mögliche einmal als unmöglich galt. Die jetzt notwendige Transformation erfordert allerdings mehr als nur Technik. Sie braucht eine ethische Revolution, eine »säkulare Ethik jenseits aller Religionen«, wie es der Dalai Lama in unserem gemeinsamen Buch »Ethik ist wichtiger als Religion« nennt. Unsere Zeit ist reif für eine globale säkulare Ethik, der auch Agnostiker und Atheisten zustimmen können.

Meine Lebenserfahrung mit 80 Jahren und über 55 Jahren politischem Journalismus sagt mir: Alle Probleme, die Menschen geschaffen haben, sind auch von Menschen lösbar. Es gibt immer Alternativen. Die effektivste Art, die Zukunft vorherzusagen, ist, sie selbst zu gestalten. Der Zukunftsforscher Peter Spiegel schlägt ein »neues genossenschaftliches Jahrhundert« vor. In Deutschland gibt es bereits 1.000 Energiegenossenschaften. Sie arbeiten nach dem Zukunftsmotto »Öko-sozial statt marktradikal«.

Eine Milliarde Menschen in Genossenschaften

Was einer nicht schafft, schaffen viele. Allein in Deutschland, Österreich und der Schweiz haben sich 30 Millionen Menschen in Genossenschaften organisiert, in den USA sind es 40.000 Genossenschaften und in Japan 2.500 mit über elf Millionen Mitgliedern. Die Genossenschaftsbewegung ist vielleicht die effektivste Entwicklungshilfe aller Zeiten – importiert aus Deutschland und vor 150 Jahren entwickelt von Wilhelm Raiffeisen und Hermann Schulze Delitzsch. Ein riesiges Zukunftspotenzial.

Peter Spiegels Idee: We-conomy statt eco-nomy. Von der Ich-Gesellschaft zur Wir-Gesellschaft. Mehr Gemeinnutz, weniger Eigennutz. Die Welt ist voll von möglichen Lösungen. Zum Beispiel: Weniger Hierarchie, mehr Netzwerke. Weniger Kontrolle, mehr Vertrauen. Weniger Ich-Orientierung, mehr Wir-Orientierung. Von der Egosystem-Wirtschaft zur Ökosystem-Wirtschaft. Lust auf Zukunft statt Frust an der Gegenwart. Achtsamkeitskultur in Unternehmen, Schulen und Universitäten. Wählerinnen und Bürger, engagierte Bürgerinnen und informierte Konsumenten sind der Schlüssel zur großen Transformation von Politik und Wirtschaft.

Vor allem Frauen verändern die Wirtschaft mit mehr Sinn für Gerechtigkeit und Nachhaltigkeit. Sie wissen eher als Männer, dass sich Gerechtigkeit lohnt. Ihre Kinder haben ihnen zu oft zugerufen: »Das ist ungerecht.« Der Sinn für Gerechtigkeit ist das Urgefühl von Frauen. Doch Andrea verdient 2019 für die gleiche Arbeit noch immer weniger als Andreas. Und jedes fünfte Kind im reichen Deutschland ist arm und lebt bei einer armen Mutter. Männer besitzen weit mehr Vermögen als Frauen. Martin Luther King hat mal gesagt: »Ungerechtigkeit an einem Ort bedroht die Gerechtigkeit an jedem Ort.«

96 Prozent der Kreditnehmer bei der Grameen Bank sind Frauen. Muhammad Yunus sagt dazu: »Ein Kredit für eine arme Frau ist ein Kredit für eine ganze Familie. Männer kaufen mit ihrem Kredit eher ein Motorrad oder Zigaretten.«

Es liegt ausschließlich an uns, neu zu denken, gerechter zu wirtschaften und nachhaltiger zu leben. Mit einer solchen mehr am Gemeinwohl orientierten Ökonomie betritt ein neues Wirtschaftssystem die Weltbühne – jenseits der alten Systeme von Kapitalismus und Sozialismus.

Also: Welche Zukunft wollen wir? Für welche Zukunft wollen wir arbeiten? Ich bin Sohn eines Kohlenhändlers und habe dem Kohlenhandel meines Vaters zu verdanken, dass ich studieren konnte. Die Kohle war als Hauptenergiequelle in Deutschland nach 1945 die Basis unseres damaligen von der ganzen Welt bestaunten Wirtschaftswunders. Nur: Muss ich mich deshalb heute noch in den Zeiten des Klimawandels für die Zukunft der Kohle engagieren? Nein.

Die Zukunft gehört der Sonne und allen erneuerbaren Energiequellen. Heute verbrauchen wir an *einem* Tag so viel Kohle, Gas und Erdöl wie die Natur in einer Million Tagen geschaffen hat. Wir benehmen uns wie Pyromanen und verbrennen in wenigen Jahrzehnten, woran die Natur 300 Millionen Jahre gearbeitet hat. Es ist absehbar, dass der Klimawandel bereits Massenmord ist und erst recht sein wird. Der indische Dichter und Nobelpreisträger Rabindranath Tagore hat einmal gesagt: »Die Menschheit kann nicht befreit werden, indem sie die Natur versklavt.«

Tatsächlich führen wir den Dritten Weltkrieg gegen die Natur und damit gegen uns selbst. Die Natur ist die erfolgreichste Innovationsabteilung auf unserem Planeten. Sie ist der Nachhaltigkeits-Lehrer schlechthin. Von ihr können wir Zukunftskompetenz und nachhaltiges Wirtschaften lernen. Was gegen die Natur ist, ist gegen Gott. Schon Charles Darwin hat sich für die Innovationskraft der Natur begeistert. Und die ganze Natur verkündet uns, dass Gott ist. Gott ist Frieden und Liebe.

Das wichtigste Friedensprojekt

Die einhundertprozentige Energiewende ist das wichtigste Friedensprojekt. Die Frage ist: Kriege um Öl oder Frieden durch die Sonne? Um Öl haben wir schon viele Kriege geführt. Um die Sonne kann nie ein Mensch einen Krieg führen. Sie hat einen Sicherheitsabstand zu unserer Erde von 150 Millionen Kilometern. Und sie ist im Inneren über 90 Millionen Grad Celsius heiß.

Wenn wir künftig auf erneuerbare Energieträger umsteigen, wird nichts mehr verbraucht oder verbrannt, sondern nur noch gebraucht. Natur kennt auch keinen Abfall. Das ist der fundamentale Unterschied zwischen bisheriger und künftiger Energieversorgung: Sonne, Wind und Wasserkraft werden nicht verbraucht wie bisher Kohle, Gas und Öl, sie werden lediglich gebraucht – ohne Müll zu produzieren. Die alten Energieträger sind endlich, die künftigen erneuerbaren Energieträger stehen uns – nach menschlichem Ermessen – unendlich und für alle Zeit zur Verfügung. Selbst wenn auf jedem Dach dieser Welt eine Solaranlage aufgestellt wird: Die Sonne wird nie verbraucht. Sie scheint einfach. Wie es Jesus schon vor 2.000 Jahren in seiner Bergpredigt gesagt hat: »Die Sonne des Vaters scheint für alle. Er lässt seine Sonne aufgehen über Gute und Böse. Er lässt seinen Regen fallen über Gerechte und Ungerechte« (Matthäus 5,45). Die Lösung des Energieproblems und damit der Klimaerhitzung steht am Himmel, sie liegt mit Sicherheit nicht im weiteren Verbrennen von Kohle und Braunkohle oder der Nutzung von Erdöl, Erdgas oder Atomenergie.

Wenn wir Erdöl verbrennen ist es kein Erd-Öl mehr. Erd-Öl und Erd-Gas müssen in der Erde bleiben. Damit die Klimaveränderung noch gestoppt werden kann, brauchen wir eine Systemveränderung. Also eine ökosoziale Marktwirtschaft, das heißt, ein System, in dem die soziale und ökologische Gerechtigkeit garantiert ist. Dieses System muss zumindest enkelgerecht sein.

Lateinamerikanische Ökologen sagen, es muss ein »Buen Vivir«, ein gutes Leben für alle, garantieren. Es muss primär der Reproduktion des Lebens dienen und nicht primär dem Kapital. Daraus folgt, dass die Allgemeinen Menschenrechte durch Allgemeine Naturrechte ergänzt werden müssen – auch durch das Allgemeine Menschenrecht auf Frieden. Voraussetzung dafür ist die Versöhnung mit der Natur. Und das heißt: Wir müssen die Trennung zwischen Mensch und Natur aufheben, denn wir Menschen sind ein Teil der Natur.

»Buen Vivir« bedeutet eine Balance zwischen materiellen und immateriellen Gütern, zwischen materiellem Wohlstand und seelischem Wohlstand. Ist diese Balance, dieser geistige Frieden, wirklich möglich? Es wäre eine Gemeinwohl-Ökonomie wie sie der österreichische Ökonom Christian Felber in den letzten Jahren entwickelt hat. Heute tragen bereits 2.300 Unternehmen in 45 Staaten sowie immer mehr Gemeinden und Universitäten dieses ökosoziale Wirtschaftsmodell der Zukunft. Voraussetzung für das Gelingen ist die solare Energiewende.

Die Lösung steht am Himmel – Solarstrom ist Sozialstrom

Die Sonne steht beim griechischen Philosophen Platon für das Gute, Wahre und Schöne. Leben sei auf Lebendigkeit, Harmonie und Resonanz angelegt. Ideen wirken wie das Sonnenlicht, und sie stiften Sinn wie die Sonne als Voraussetzung allen Lebens. Gott ist die Sonne hinter der Sonne, die Ur-Energie.

Wie für Jesus ist für Platon Gott ein Gott der Liebe. Und weil er ein Gott der Liebe ist, ist er ein Gott der Liebenden. Nur mit Hilfe der Sonne erblüht Lebendigkeit. Diese zentrale Idee steckt hinter Platons berühmtem Höhlengleichnis. Der Meister aus Athen ist der Philosoph der Sonne, des Lichts und der praktizierten Humanität. Buddha hat es so gesagt: »Drei Dinge können nicht lange verborgen bleiben: die Sonne, der Mond und die Wahrheit.«

Während ich dieses Buch schreibe, bin ich zu Vorträgen in Mali/Westafrika unterwegs. Der malische Energie- und Wasserminister Sambou Wague betont bei unserem Treffen in Bamako die Wichtigkeit der Solarenergie für die Ärmsten in seinem Land, die noch ohne Strom sind.

Überall auf der Welt ist schon heute Solarstrom Sozialstrom, besonders im sonnenreichen Afrika. Der Minister stimmt meiner These zu. In Mali kostet fossil erzeugter Strom 35 bis 40 Euro-Cent, unbezahlbar für die Armen mit einem Euro Tageseinkommen. Solarstrom kostet etwa drei Cent. Elektrizität ist für eine Kommune wie das Blut für den Menschen, sagt der Minister. Und fügt hinzu: »Für euch Europäer ist Strom eine Selbstverständlichkeit. Für arme Afrikaner bedeutet Strom aber viel mehr: Arbeit, Gesundheit, Bildung, gutes Leben und Nahrung. Vor allem aber: Die jungen Leute hier sprechen jetzt, wenn sie Solarstrom haben, nicht mehr von Emigration. Sie wollen hier bleiben und ihr Dorf weiter entwickeln.« Er redet von »Community Power for all«. In Afrika seien noch Hunderte Millionen Menschen ohne Strom.

»Strom« ist für uns ein kleines Wort – aber für arme Menschen in der ganzen Welt ist »electricity« ein Traum voller Märchen und Wunder. Etwa eine Milliarde Menschen haben global noch immer keinen Strom.

In dem 20.000-Einwohner-Dorf Bancoumana in Mali bin ich eingeladen, eine 34-kW-Solaranlage zu besichtigen, deren Strom in Batterien gespeichert wird. Auf den Batterien lese ich »German Quality«. Weil die Menschen dort jetzt Solarstrom nutzen können, hat die Dorfapotheke nun eine Kühlung für die Medikamente. Kinder können jetzt die Schule besuchen und am

Abend im Schein von Solarlampen Hausaufgaben machen. Bildung verändert alles. Der Dorfschneider arbeitet mit einer elektrischen Nähmaschine. Der Dorfschmied ist nicht mehr dem gefährlichen Feuer ausgesetzt. Das Solarprojekt hat das Dorf positiv verändert, neue Jobs gebracht, insgesamt die Lebensqualität erhöht, die Gesundheit gefördert und neue ökonomische Chancen eröffnet, erklären der Energieminister und der Bürgermeister gemeinsam voller Stolz. Von Flüchtlingen sprach keiner.

Fehlende Elektrizität ist die Hauptursache für wirtschaftliches Elend und Flucht. Die Jugendlichen in Bancoumana haben Handys und können Musik hören. Ein Smartphone ist in Mali das neue Statussymbol – wie früher bei uns das Auto. Ohne Strom aber kein Smartphone. Und ohne Smartphone keine Chance auf dem afrikanischen Arbeitsmarkt. Kommuniziert wird in ganz Afrika heute fast ausschließlich mobil. Die Kinder des Dorfes können im Fernsehen jetzt Fußballspiele sehen. Als ich da war, wurde gerade ein Spiel des FC Bayern München übertragen. Die Begeisterung der Kleinen war grenzenlos. Platon mit seiner Sonnen-Philosophie würde sich darüber ebenso freuen wie Jesus von Nazareth, der vor 2.000 Jahren in seiner Bergpredigt gesagt hat: »Die Sonne des Vaters scheint für alle.«

Das Zauberwort heißt: Erneuerbar werden!

Zur Sonne hinzu kommen die erneuerbaren Energien des Windes, die Bioenergie, die Erdwärme, die Wasserkraft sowie die Wellen- und Meeresenergie der Ozeane.

Der Natur und ihren Energien können wir vertrauen. Die Sonne scheint für alle – es gibt keine E.ON-Sonne und keine RWE-Sonne und »The answer, my friend, is blowing in the wind«.

Weil aber Sonne und Wind nicht immer zur Verfügung stehen, können und müssen wir die gesamte Bandbreite der erneuerbaren Energien nutzen und auch das Speicherproblem lösen. Es ist lösbar. Dazu später mehr. Die eben beschriebene Erkenntnis ist die Basis eines neuen Wirtschaftswunders, diesmal eines ökologischen Wirtschaftswunders. Wir können mit unserem Wissen und den heutigen Technologien dieses neue Wirtschaftswunder schaffen. Für die Natur ist Produktion und Konsum mit der Wiederverwendung und Recycling durch geschlossene Kreisläufe eine Selbstverständlichkeit.

Die Energiewende ist nicht alles. Aber ohne Energiewende ist alles nichts. Wir müssen Klimaschutz, saubere Energien, nachhaltige Mobilität, ökologisches Bauen, sauberes Wasser und biologische Landwirtschaft zusammenführen und die Probleme zusammen lösen.

Die weltweite Verhundertfachung des Solarstroms und die Versiebzehnfachung des Windstroms seit dem Jahr 2000 belegen, dass wir global bereits auf einem hervorragenden Kurs bei der Energiewende sind. Diese Entwicklung wird sich insgesamt in den nächsten Jahren global beschleunigen. Denn wir stehen bereits vor völlig neuen Technologien. In wenigen Jahren werden 3-D-Drucker biegsame, leichte, effiziente und noch weit preiswertere Solarfolien produzieren, mit denen wir ganze Hochhäuser mit ihren Glasscheiben zu Kraftwerken umbauen können.

Haben wir in Deutschland überhaupt genug Fläche für den hundertprozentigen Umstieg auf Erneuerbare, werde ich oft gefragt? Die Stadt Wuppertal hat errechnet, dass allein die Dachflächen ihrer Stadt ausreichen, um Wuppertal zu 100 Prozent mit Solarstrom zu versorgen. Das gilt auch für andere Städte.

Die Welt ist voller Energie. Das Problem der Energiewende ist nicht fehlende Energie, es sind die Ressourcen, die wir brauchen, um die Techniken der Energiewende produzieren zu können. Wir haben kein Energieproblem, aber ein Ressourcenproblem.

Lange habe ich gemeint, es gäbe auf der Welt genug Sand, also Silizium, um damit unendlich viele Solarzellen produzieren zu können. Es gäbe Sand wie Sand am Meer, dachte ich. Doch ich täuschte mich. Wir werden lernen müssen, alle Ressourcen, die wir brauchen und zum Teil noch verbrauchen, wieder zu recyceln. Solarworld-Fachleute haben mir schon vor Jahren erklärt, dass ihre Photovoltaikanlagen mindestens fünfmal recycelt werden könnten, also eine Laufzeit von vielleicht 120 bis 150 Jahren haben. Nur was heißt das, wenn wir die Sonne noch viele tausend und vielleicht auch Millionen Jahre nutzen wollen? 120 bis 150 Jahre ist gar nicht lange, wenn es um Ressourcenknappheit geht. Ich weiß, dass ich mir mit diesem Hinweis in der Öko-Bewegung und in der Solarbranche nicht nur Freunde schaffe.

Professor Michael Braungart meint mit seinem Konzept »Cradle to Cradle«, dass wir mit allen Ressourcen so umgehen lernen müssen, dass wir sie alle Zeit nutzen können und Kreisläufe schließen. Kleine Abfälle werden vielleicht auch in Zukunft nicht zu vermeiden sein, sagen die Fachleute des Bundesumweltamtes.

Aber grundsätzlich müssen wir lernen, völlig anders, also komplett nachhaltig mit Ressourcen umzugehen.

Auf einer Weltkonferenz über »Seltene Erden« war ich eingeladen, das Eröffnungsreferat zu halten. Als Erstes fragte ich die versammelten Fachleute aus der ganzen Welt, wie viel Prozent der Seltenen Erden heute recycelt würden. Ihre Antwort hat mich beinahe umgehauen: »Höchstens ein halbes Prozent.« Das heißt: Seltene Erden, die wir für jedes Handy, für jedes E-Auto, für jedes Windrad brauchen, werden einfach nach Gebrauch weggeworfen – auch noch 2019. Und diese Ressource heißt auch noch »Seltene Erden«. Alle uns heute bekannten Ressourcen sind endlich – außer den erneuerbaren, die nahezu unendlich sind.

Zum Glück werden die Technologien der erneuerbaren Energien immer effizienter. Schon heute kaufen in Deutschland immer mehr Menschen mit ihrer Photovoltaikanlage auch einen Stromspeicher, sodass sie bei der Elektrizität bereits zu 70 Prozent autark sind. Je größer die Energieautarkie, desto weniger Strom muss aus dem Netz zugekauft werden.

Autarkie, Unabhängigkeit und Freiheit sind immer wichtigere Werte für immer mehr Menschen.

Weil es beim hundertprozentigen Umstieg auf erneuerbare Energien nicht nur um Strom, sondern auch um Mobilität, Kälte und Wärme geht, müssen wir alle Energie verbrauchenden Elemente miteinander verbinden, durch die sogenannte Sektorenkoppelung. Dafür haben wir bereits ein flächendeckendes Gasnetz in Deutschland, in dem wir aus überschüssigem Wind- und Solarstrom Methangas produzieren und im Gasnetz speichern können. Das heute vorhandene Gasnetz bringt Deutschland drei bis vier Monate über den

Winter, wenn hierzulande kein Wind wehen und keine Sonne scheinen sollte. Power-to-Gas-Anlage nennen Fachleute diese grandiose Speichertechnologie. Auch hier gilt, dass die Technologie noch teuer ist, aber bereits in zehn Jahren preiswert sein wird.

Das Zeitalter der fossil-nuklearen Verbrennung geht unaufhaltsam zu Ende. Aldi Süd hatte Anfang 2019 über 1.400 ihrer 1.800 Kaufhäuser bereits auf erneuerbare Energieträger umgestellt. Sie dürfen dreimal raten warum wohl? Die Aldi-Manager können rechnen. Keine Stromquelle ist schon heute so preiswert wie die solare. Und morgen erst recht.

Und was macht unsere Berliner Groko in dieser Situation? Sie behindert den Ausbau der Bürger-Energiewende dramatisch, führt eine Sonnensteuer (kein Witz, das war Sigmar Gabriel!) ein und provoziert damit, dass die riesige Zukunftstechnologie der Sonne mit 70.000 Jobs nach China abgewandert ist. Stattdessen wird hierzulande noch immer die Vergangenheitstechnologie Kohle weiter gestützt.

Die deutschen Stromverbraucher haben in den letzten 18 Jahren mit viel Geld, aber bewusst, die Stromwende mit Milliarden-Aufwendungen finanziert. Gut so! Doch dieser ökonomische und ökologische Erfolg kommt jetzt der chinesischen Wirtschaft zugute, die ihre vielen Solarmodule in der ganzen Welt verkauft. Dümmer geht's nimmer. Meine chinesischen Solarfreunde freuen sich natürlich darüber, aber verstehen können sie die Kurzsichtigkeit der deutschen Bundesregierung nicht. Der größte Feind der Erneuerbaren ist immer die Ignoranz ihnen gegenüber. Eine ähnlich dramatische Fehlentwicklung plant die Groko jetzt auch noch zusätzlich für die deutsche Windindustrie.

Über 90 Prozent der Deutschen sind für eine rasche Energiewende. Wenn CDU/CSU und SPD aber diese leichtfertig verspielen, bekommen sie dafür von den Wählerinnen und Wählern die Quittung, und die Grünen verdoppeln ihren Stimmenanteil. Wer die Wähler so offenkundig ohrfeigt, darf sich nicht wundern, wenn er bei den nächsten Wahlen geohrfeigt wird – das ist ganz logisch.

Das grüne Bewusstsein der Regierten übersteigt das der Regierenden bei Weitem. Das ist jetzt die Chance der gelebten Demokratie. Ohne die Grünen schaffen wir die rechtzeitige Energiewende nicht mehr. Doch die ist die Überlebensfrage der Menschheit, hat Angela Merkel mal gesagt, als sie noch als Klimakanzlerin galt. Da hatte sie völlig recht.

2 Können sich Menschen wirklich ändern?

Vom Atomzeitalter ins Solarzeitalter

Bis zur Atomkatastrophe von Tschernobyl im Jahre 1986 war auch ich ein Anhänger der sogenannten »friedlichen Nutzung der Atomenergie«. Dann lernte ich den Chef der Aufräumarbeiten in Tschernobyl kennen, den Atomphysiker Professor Wladimir Tschernoussenko. Er war bis dahin ein glühender Kämpfer für die Atomkraft. Von ihm aber lernte ich, dass es weltweit kein einziges sicheres Atomkraftwerk gibt. Jedes AKW habe ein atomares »Restrisiko«. Auf meine Frage in einer ARD-Sendung, was ein solches »Restrisiko« sei, antwortete der Atomfachmann: »Das ist jenes Risiko, das uns jeden Tag den Rest geben kann. Deshalb heißt es auch so.«

Michail Gorbatschow hatte den renommierten Nuklear-Professor zum Chef der Aufräumarbeiten in Tschernobyl berufen. Dabei wurde er verstrahlt, und sein Arzt gab dem Anfangsfünfziger noch eine Lebenszeit von fünf Jahren. Jetzt nutzte er die Restzeit seines Lebens, um weltweit in Vorträgen und Fernsehsendungen vor den Gefahren der Atomenergie zu warnen. Wir wurden Freunde und Gleichgesinnte. Sechs Jahre nach dem GAU in Tschernobyl starb mein Freund an Krebs.

Der bekehrte Wladimir war vom Atom-Saulus zum Erneuerbare-Energien-Paulus geworden. Seine Erfahrung und seine Geschichte wurden mein eigenes atomares »Damaskus«, sie haben mich geheilt. Menschen machen Fehler. Ich denke nicht, dass es ein Fehler ist, Fehler zu machen. Dafür sind wir Menschen. Aber es ist ein ganz großer Fehler, wenn wir aus Fehlern nichts lernen. In dieser Lernfähigkeit steckt der Sinn unseres Hierseins. Gelernt habe ich auch von meinem Namenspatron Franz von Assisi: »Tue zuerst das Nötige, dann das Mögliche und dann schaffst du auch das Unmögliche.« Oft habe ich die Wahrheit des geflügelten Wortes erfahren: Wer nicht an Wunder glaubt, ist kein Realist.

In der Zwischenzeit habe ich das sicherste Kernkraftwerk der Welt tatsächlich kennengelernt. Es steht in Zwentendorf in Österreich, ist 1978 fertiggestellt worden, aber nie ans Netz gegangen, weil eine knappe Mehrheit der Österreicher bei einer Volksabstimmung dagegen votierte. Dieses AKW ist ein Lehrstück dafür, dass Wählerinnen und Wähler oft klüger sind als ihre Politiker. Der damalige Bundeskanzler Kreisky wollte dieses Atomkraftwerk unbedingt und ließ es bauen. Heute wird in Zwentendorf Solarstrom gewonnen. Ich habe Österreicher sagen hören, dass dieses »Nein« vor 40 Jahren das wichtigste Nein ihres Lebens war. Österreich hat dank der Klugheit seiner Wählerinnen und Wähler kein einziges AKW. Unsere südöstlichen Nachbarn haben im Gegensatz zu uns Deutschen kein Problem mit Atommüll, der eine Million Jahre strahlt und alles Leben gefährdet.

Umkehr ist möglich – Krisen können Lernhelfer sein

Menschen können sich ändern. Menschen können lernen. Menschen können umkehren. Wie also werden wir vom Homo oeconomicus zum Homo oecologicus? Wir sind die letzte Generation, welche die Klimaerhitzung noch stoppen kann. Wir haben sie auch verursacht. Der frühere US-Vizepräsident, Friedensnobelpreisträger und heutige Klimaaktivist Al Gore schreibt: »Die Gefahren des Klimawandels können noch immer überwunden werden, wenn wir kollektive Intelligenz mit kollektivem Handeln verbinden.« Schaffen wir das, heißt die Frage aller Fragen. Und wie viel Zeit haben wir noch? Nach Berechnungen der Entwicklungsorganisation »Germanwatch« haben die Stürme, der Starkregen und die Dürre des Jahres 2018 global mehr als 11.500 Menschen das Leben gekostet und Schäden von 375 Milliarden Dollar verursacht. In den letzten 20 Jahren haben über eine halbe Million Menschen durch die globale Erwärmung ihr Leben verloren. Die Schäden summierten sich auf 3,5 Billionen Dollar (3.500 Milliarden). Und das waren erst die Vorboten der Klimaerhitzung.

Ein Hinweis für die Klimaskeptiker, die den menschengemachten Klimawandel immer noch leugnen: Dass der Klimawandel real und von Menschen gemacht ist, sagen 33.700 Wissenschaftlerinnen und Wissenschaftler von Peer-Review-Fachbeiträgen, lediglich 34 Autoren bezweifeln das – gerade mal ein Promille.

Meine beiden Bekehrungen – weg von Kohle, weg von Atom – hätten allein vielleicht nicht ausgereicht, mich zum Freund der erneuerbaren Energien zu machen.

Hinzu kommt: Über das heutige Verbrennen von Kohle, Gas, Öl oder Benzin blasen wir jeden Tag über 150 Millionen Tonnen Treibhausgase in die Luft, als wäre die Atmosphäre eine Müllkippe. Was wir damit unseren Kindern und Enkeln antun, ist eine verbrecherische Verantwortungslosigkeit. Die Technik allein wird uns freilich nicht retten. Wir brauchen neben der technischen eine ethische Revolution, neues ethisches Denken und vor allem ethisches Handeln.

Ethisches Handeln in den Zeiten des Klimawandels heißt ganz konkret und praktisch: Verantwortung übernehmen für Kinder und Enkel. Fromme Sprüche verhindern nicht die Klimakatastrophe. Eine der einfachsten Fragen heißt noch: Können unsere Enkel in den Alpen noch Skifahren, wenn wir den Klimawandel nicht stoppen? Deshalb sagt der Dalai Lama in einem Buch, das wir gemeinsamen geschrieben haben: »Ethik ist wichtiger als Religion.« Das heißt: Übernehmt endlich die Verantwortung für das, was ihr tut! Nicht eure Lippenbekenntnisse sich wichtig, sondern allein euer Tun. Macht euch auf die Socken!

Es gibt nur eine wahre Religion: ein gutes menschliches Herz. Das würde Jesus heute genauso formulieren. Er hätte in den real existierenden Kirchen im 21. Jahrhundert eh keine Chance für seine Lehre. Er würde für die Bewahrung der Schöpfung heute eher von einem Greenpeace-Schiff aus operieren, so wie er es in seiner Bergpredigt gelehrt hat.

Disruption – Wenden kommen schneller als gedacht

Die alte fossil-atomare Energiewirtschaft treibt die Volkswirtschaften in die nächste Weltwirtschaftskrise. Denn der Abstieg der fossilen Energien und der Ausstieg aus der Atomenergie kommen schneller als gedacht. Das hat der Solarpionier und SPD-Bundestagsabgeordnete Hermann Scheer schon Ende der Achtziger des letzten Jahrhunderts vorhergesagt. Später hat ihm der Silicon-Valley-Unternehmer und Energieexperte Tony Seba zugestimmt und wie Scheer eine weltweite hundertprozentige Energiewende bis 2030 vorhergesagt und gefordert.

2018 erschien eine Studie der gemeinnützigen »Carbon Tracker«, die der alten Energiewirtschaft ein »systemisches Risiko« bescheinigt. Das heißt nichts weniger als »Billionen Dollar von Investitionen stehen auf dem Spiel«, weil sich die Investoren nicht bewusst sind, dass sich die solare Energiewende sehr schnell und disruptiv entwickelt. Disruptiv meint: Die Wende beginnt langsam, nimmt aber ganz schnell Fahrt auf und löst das Alte in wenigen Jahren zu 100 Prozent ab. Wie einst beim Auto, beim Fernseher, bei Kühlschränken, bei Waschmaschinen, bei Geschirrspülmaschinen, beim Handy und beim Internet. Dieselbe rasche Entwicklung werden wir in den nächsten Jahren beim Elektroauto und bei der Energiewende erleben.

Denn schon die Natur lehrt uns, dass in jeder Krise eine Chance steckt. Als vor Millionen Jahren durch einen Meteoriteneinschlag die Dinosaurier vernichtet wurden, waren es kleine unscheinbare Säugetiere, die in ihren Höhlen überlebten und aus denen wir Menschen uns entwickelten und damit alle kulturelle und wirtschaftliche Vielfalt. Die Organismen, welche Energie am effizientesten umsetzen, haben einen Selektionsvorteil.

Eine disruptive Entwicklung lässt sich eindrucksvoll an der alten persischen Reiskornlegende beschreiben. Sie stellen sich bitte ein Schachbrett vor: Auf das erste Feld legen Sie ein Reiskorn und verdoppeln die Anzahl der Reiskörner dann auf jedem der 63 folgenden Felder. Wenn vorab gefragt wird: Wie viel Reis haben Sie am Schluss, dann lautet die Antwort zwischen ein paar hundert Gramm und einigen hundert Kilo. Tatsächlich aber würde für das letzte Feld auf dem Schachbrett mehr Reis benötigt als in einem Jahr auf der ganzen Welt Reis geerntet wird. Dieser permanente Verdoppelungseffekt übersteigt unser Vorstellungsvermögen. Doch er ist eine Tatsache.

Die digitale Revolution entfaltet eine unfassbar schnelle Dynamik. Eine Riesenchance, wenn wir die neuen Möglichkeiten intelligent nutzen. Künstliche Intelligenz muss nicht identisch mit künstlicher Dummheit sein, wie viele befürchten.

Seit dem Jahr 2000 haben wir weltweit die Solarenergie bereits verhundertfacht und die Windenenergie versiebzehnfacht, ich erwähnte es bereits. Prognosen, die sich am derzeitigen Wachstum der Solarindustrie orientieren, sagen, dass sich die Solarenergie bis zum Jahr 2025 noch mal verfünfzehnfachen werde. Die Technik für den kompletten Umstieg auf erneuerbare Energie in jedem Land der Welt ist bereits vorhanden. Und technologische Umstiege vollziehen sich im Zeitalter der Digitalisierung und der Künstlichen Intelligenz weit rascher als im 20. Jahrhundert. Das Solarzeitalter hat schon längst begonnen. Die Deutsche Bahn

zum Beispiel – immerhin Deutschland größter Stromverbraucher – hat im Jahr 2019 bereits einen Ökostrom-
anteil von über 65 Prozent. Die 15 meistfrequentierten
Bahnhöfe hierzulande werden seit 2019 komplett mit
Ökostrom versorgt.

Persönliche Wandlungsprozesse

Die entscheidende Ur-Erfahrung meines langen Lebens heißt: Umkehr, Wandel, Änderung sind möglich –
im Privatleben genauso wie in der Wirtschaft, im Beruf,
in der Gesellschaft und in der Politik. Dazu acht per-
sönliche Erfahrungen, die deutlich machen, dass wir
vor allem aus Krisen lernen können:

1978: Nach einer von mir verursachten Partnerschafts-
krise mit meiner Frau machte ich eine Traumtherapie
nach C. G. Jung. Dabei habe ich gelernt, meine Träume
aufzuschreiben und auf sie zu achten. Es war eine geistige Lebensrettung. Bis heute habe ich nachts mehr als
2.000 Träume aufgeschrieben und gelernt: Wenn ich
mich meinen Träumen zuwende, wenden diese sich
mir zu. Seither beachte und benutze ich meine Träume
wie eine in mich eingebaute kostenlose Hausapotheke.
Meine Frau und ich sind damals nicht auseinanderge-
laufen, sondern konnten unseren Konflikt lösen und
sind jetzt über 50 Jahre glücklich miteinander verheira-
tet. Umkehr ist möglich. Allerdings hatte ich das Glück,
dass meine Frau damals das Motto beherzigt hat: »Zu
einem Partnerschaftskonflikt gehören immer zwei.«
Danke, Bigi!

1979: Der Journalist Rupert Neudeck kam zu uns in die Report-Redaktion, die ich in der ARD leitete. Er schockte uns mit seiner Überzeugung: »Wir können doch nicht einfach zusehen, dass im Südchinesischen Meer zehntausende Boat People, Flüchtlinge aus Vietnam, ertrinken. Wir müssen etwas tun. Ich verpfände mein Haus, chartere ein Schiff und werde versuchen, Flüchtlinge zu retten.« Ich bot ihm daraufhin an, in drei Minuten diese Idee live unseren damals etwa zehn Millionen Zuschauern zu erzählen. Er tat es und die Zuschauer spendeten – nach mehreren Reportagen über die Rettungsaktionen – über 20 Millionen Mark. Neudecks Rettungsaktionen mit seiner Cap Anamur haben die Herzen der Zuschauer erreicht. Deutschland hat über 11.000 Boat People gerettet und hier aufgenommen, weil ein Mensch vorbildlich aktiv wurde und viele zum Helfen animiert hat.

1981: Ich sah an einem Sonntagnachmittag bei strahlender Sonne in der ARD die aufregende Reportage eines *Stern*-Journalisten über Blindenheilungen in Bangladesch. Sie zeigte, dass in diesem Armenhaus Asiens die größte Blindendichte der Welt herrschte. Vor allem wegen Unterernährung hatten Millionen Menschen das Augenlicht verloren. Sie litten unter dem Grauen Star. Doch dieser konnte mit einer einfachen Operation, die umgerechnet 26 Mark kostete, behoben werden. Ich fand es schade, dass diese eindrucksvolle und wichtige Reportage im Nachmittagsprogramm nur von wenigen Menschen gesehen wurde.

Also zeigte ich einige Tage später zu bester Sendezeit die wichtigsten acht Minuten dieses Films in meiner Sendung *Report* vor einem Millionenpublikum. Die

Zuschauer spendeten daraufhin mehrere Millionen Mark an die *Andheri Hilfe* in Bonn, welche die Operationen organisierte und finanzierte. 21 Jahre später konnte ich in Bangladesch die einmillionste Blindenoperation filmen – und wieder spendeten die Zuschauer, sodass die *Andheri Hilfe* bis heute über 1,4 Millionen Blinden in Bangladesch das Augenlicht schenken konnte.

1983: Ich publizierte das Buch »Frieden ist möglich – Die Politik der Bergpredigt« gegen die atomare Nachrüstung. Es wurde zur Bibel der Friedensbewegung in Ost und West und wurde in zwölf Sprachen übersetzt. Dieses kleine Taschenbuch hat auch Michail Gorbatschow beeinflusst. Er schickte mir damals einen seiner Militärberater, der mir erklärte: »Wir im Kreml machen den ersten Schritt, indem wir euch etwas ganz Schreckliches antun: Wir nehmen euch euer Feindbild – wir hören einfach auf mit dem Wahnsinn des atomaren Wettrüstens.«

Das ist der Geist Jesu: Einer muss anfangen aufzuhören. Gorbatschow hatte dazu den Mut. Noch drei Jahre zuvor war ich für die atomare Nachrüstung, weil ich wie so viele Menschen dachte: Wenn die Sowjets Atomraketen aufstellen, müsse der Westen mit Atomraketen antworten. Die klassische Kriegsfalle halt: »Wenn du Frieden willst, musst du den Krieg vorbereiten.« Dann aber lernte ich von der Friedensbewegung, wie gefährlich dieses alte Denken im Atomzeitalter werden kann.

Ich meditierte am See Genezareth über Jesu »Feindesliebe«. Mir wurde dabei klar, dass die atomare Gefahrensituation nur überwunden werden kann, wenn eine Seite den Mut hat zum ersten Schritt. Also zur Abrüstung. Oder wenigstens zum Stopp des atomaren Wahnsinns. Dank Gorbatschow, der Vertrauen zum US-Präsidenten aufgebaut hatte, wie er mir später in einem gemeinsamen Buch erklärte, wurden 80 Prozent der gefährlichsten Atomwaffen in Europa verschrottet. Umkehr ist möglich. Heute sagt Gorbatschow zum neuen atomaren Wettrüsten: »Ein Atomkrieg wäre der letzte Krieg der Menschheit, weil es danach keinen Menschen mehr gäbe, der noch einen Krieg führen könnte.«

1986: Bis zur Atomkatastrophe in Tschernobyl war auch ich für Atomenergie. Danach lernte ich nach einem Vortrag in Italien Hermann Scheer, den wichtigsten Solarpolitiker der Welt, kennen. Scheer, damals Bundestagsabgeordneter der SPD, überzeugte mich, damals noch braves CDU-Mitglied, von der Möglichkeit und Notwendigkeit der solaren Energiewende. Seither produzierte ich etwa 40 Fernsehsendungen zu diesem Thema, schrieb elf Bücher dazu und hielt weltweit über 4.000 Vorträge. Umkehr ist möglich.

1988: Eine weitere Umkehr war fällig: Nach 26 Jahren CDU-Mitgliedschaft trat ich aus der Partei aus – wegen des »C«. Einst war ich wegen des »C« eingetreten. Meine vier Austrittsbegründungen, die ich in einem Offenen Brief im *Spiegel* publizierte:

1. Die atomare Nachrüstung und eine sich christlich nennende Partei: Das geht nicht!
2. Gefährliche Atomkraftwerke und christlich geht gar nicht.

3. Die Position »Strafe statt Hilfe für Frauen in Not« in der Abtreibungsdebatte ist ebenfalls unchristlich.

4. Der CDU fehle in der Umweltpolitik die notwendige ökologische Sensibilität. Unsere moralisch-politische Verantwortung als Demokraten und Wähler reicht bis in die Wahlkabine hinein.

2007: Angela Merkel, sie war noch Atomkanzlerin, hat Hermann Scheer und mich ins Kanzleramt eingeladen. Der Solarpolitiker Scheer hatte 25 Jahre lang gefordert, eine »Internationale Agentur für erneuerbare Energien« zu gründen. Die Kanzlerin hörte Scheer vielleicht 15 Minuten zu und sagte dann: »Sehr gute Idee, ich lade alle Regierungen der Welt zu einer Gründungsversammlung nach Bonn ein.« Zwei Jahre später wurde diese Weltagentur gegründet – heute sind 90 Prozent der Menschheit in dieser Internationalen Agentur für erneuerbare Energien (International Renewable Energy Agency, IRENA, das griechische Wort heißt übrigens »Frieden«) versammelt. Und alle orientieren sich an der deutschen Energiewende.

2010: Bei der Beerdigung einer Freundin war ich gebeten, am Sarg die Abschiedsrede zu halten. Ich sprach von Jesus und den Nahtoderfahrungen von Millionen Menschen in unserer Zeit. Danach fragte mich ein Verwandter der Verstorbenen, ob ich die Forschungen des evangelischen Theologen und Pastors Günther Schwarz über den aramäischen Jesus kenne. Ich kannte sie nicht, aber besorgte mir einige Bücher und wissenschaftliche Aufsätze von Schwarz und lernte dabei, dass etwa die Hälfte aller Jesus-Worte in unseren aus dem Griechischen übersetzten Bibeln falsch wiedergeben oder gar bewusst gefälscht sind.

Jesus sprach Aramäisch, aber alle Bibeln der Welt sind aus dem Griechischen übersetzt. Wenn die Worte nicht stimmen, kann die Botschaft nicht überzeugen. Nachdem ich zuvor vier Jesus-Bücher mit dem griechischen Urtext geschrieben hatte, sah ich mich beauftragt, drei weitere Jesus-Bücher auf der Basis des aramäischen Jesus zu schreiben. Die Reaktion der Leser war außergewöhnlich: Das meistgebrauchte Wort hieß »Befreiung«. Und wieder lernte ich: Umkehr ist möglich.

Den Übergang gestalten

Neues Wirtschaften heißt Lernen von der Natur und ihren Erfahrungen in Hunderten Millionen Jahren. Wenn das Mögliche entstehen soll, muss zuvor immer das Unmögliche gedacht und experimentiert werden. Die alten Geschäftsmodelle mit Kohle, Öl, Gas und Uran, Benzinautos und zentralisierten Energieversorgern gehen zu Ende. An ihre Stelle tritt die dezentrale solare Revolution im Energie- und Verkehrsbereich mit Millionen Akteuren aus den Bürgergesellschaften in der ganzen Welt. Die Energiewelt der Zukunft ist demokratisch. Also: Mehr Demokratie wagen! Zum Beispiel über Energiegenossenschaften.

Dennoch unterschätzt die alte Energiewirtschaft noch immer leichtsinnig die erneuerbaren Energien und überschätzt zugleich überheblich ihre alten Energieträger. Deshalb muss die Internationale Energieagentur in Paris, die von den alten Energiekonzernen abhängig ist, ihre Ausbauzahlen der Ökoenergien ständig nach oben korrigieren und in ihrem letzten Bericht zugeben, dass die staatlichen Subventionen in fossil-atomare Energien noch immer doppelt so hoch sind wie die vorübergehenden Kosten für die Markteinführung der erneuerbaren.

Ein Blick auf die globalen Investitionen in alte Energieträger und in erneuerbare gibt den Anhängern der Disruption recht: Bereits seit fünf Jahren werden mehr Dollar-Milliarden in erneuerbare Energien investiert als in die alten. Die Zahlen für das Jahr 2018: 332 Milliarden Dollar in erneuerbare Energie und nur noch 230 Milliarden in die fossil-atomare. Gut fürs Klima, aber schlecht für herkömmliche Investoren.

Noch immer regiert Geld die Welt. Die Macht des Geldes ist riesig. Aber zunehmend berücksichtigen Investoren ökologische und auch soziale Folgen. Das lenkt Finanzströme in neue Bahnen. Zum Beispiel: Der Schweizer Rohstoffkonzern Glencore verpflichtete sich im Februar 2019 auf die Ziele des Pariser Klimaabkommens. Eine bemerkenswerte Entscheidung für ein Bergbauunternehmen, das massiv in Kohleminen investierte. Hinter Glencore stehen 310 Investoren mit 32 Billionen US-Dollar. Viel Macht.

2019 sind Photovoltaikanlagen und Windkraft in allen wichtigen Volkswirtschaften die preisgünstigsten Energiequellen. Auch in Indien und China, wo bisher die Kohle am günstigsten war. Nun aber sind auch in den beiden bevölkerungsreichsten Ländern der Welt die Erneuerbaren billiger. Nach Angaben von Bloomberg Energy New Finance kosten Photovoltaik und Windenergieanlagen in Indien jetzt noch die Hälfte von Kohlekraftwerken. 2018 sind Photovoltaikanlagen noch mal um 13 Prozent billiger geworden. Und sie haben so gut wie keine Folgekosten. Bis 2030 erwartet Bloomberg, dass Batterien für E-Autos oder zum Speichern von erneuerbarer Energie um 66 Prozent preisgünstiger sein werden als noch 2018.

Die »Carbon Tracker«-Studie prognostiziert, dass sich der Preisverfall der Ökoenergien fortsetzen und in etwa zehn Jahren zur hundertprozentigen solaren Energiewende weltweit entwickeln wird. Schon bis 2020 würden Solar- und Windenergie in allen Weltregionen billiger sein als fossile Rohstoffe. In über 70 Ländern ist das schon heute so. Die Preise für Sonnen- und Windstrom schmelzen dahin wie der Frühjahrsschnee in der Sonne.

In Deutschland zum Beispiel kostete die Produktion einer Kilowattstunde Solarstrom im Jahr 1990 noch einen Euro, 2000 noch 70 Cent und heute sind wir bei etwa fünf Cent. Aber das ist noch lange nicht das Ende. Für eine Kilowattstunde Kohle- oder Atomstrom aus Ihrer Steckdose zahlen Sie heute etwa 28 Cent und morgen noch viel mehr. In Afrika, in Südindien oder in der Wüste von Chile können wir heute bereits Solarstrom für etwa zwei Cent pro kWh ernten. In Saudi-Arabien ist bis 2025 das größte Solarkraftwerk der Welt geplant – es wird von saudischen Ölmilliardären und von japanischen Milliardären, die aus dem Atomunfall von Fukushima Konsequenzen ziehen, finanziert. Dieses Riesenkraftwerk mit einer Leistung von 200 Gigawatt (200.000 Megawatt) wird circa 80 Atomkraftwerke ersetzen. Die Kilowattstunde Solarstrom kostet dort bald einen Cent. Unschlagbar preiswert. Liebe Leserin, lieber Leser, Sie können alle alten Energieträger schnell vergessen.

Sonne und Wind schicken keine Rechnung

Der entscheidende Vorteil der erneuerbaren Energien ist ein ökonomischer: Sonne und Wind schicken keine Rechnung. Das begreifen jetzt auch kluge Milliardäre. »It's the economy, stupid«, wusste schon Bill Clinton, der mit dieser Erkenntnis Präsident der USA wurde. Die erneuerbaren Energien sind ein Geschenk des Himmels im wahrsten Sinne des Wortes. Ökologie ohne Ökonomie macht so wenig Sinn wie künftig Ökonomie ohne Ökologie. Klar ist: Die Ökologie wird die intelligentere Ökonomie.

Richtig ist, dass die Energiewende Geld kostet. Richtig ist aber auch, dass keine Energiewende unsere Zukunft kostet. Noch haben wir die Wahl. Der Nutzen der Energiewende übersteigt also die Kosten um ein Vielfaches. Schon 2007 hat eine Studie der Weltbank ergeben, dass eine noch rechtzeitige Energiewende um das Fünffache preiswerter wird als keine Energiewende. Auch der Kohleausstieg in Deutschland ist ökonomisch wertvoll, ökologisch sinnvoll, technisch machbar und klimapolitisch unabdingbar. Aber nicht im Jahr 2038, wie es die Kohlekommission der Bundesregierung vorgeschlagen hat, sondern spätestens bis zum Jahr 2030. Warum noch bis 2038 ganze Dörfer abbaggern, Kirchen abreißen und Wälder abholzen, wenn sich preiswertere und klimafreundliche Alternativen wie Sonne und Wind geradezu anbieten?

2018 kommt eine Studie des Deutschen Instituts für Wirtschaftsforschung und des Wuppertal-Instituts zum Schluss, dass »mittelfristig ein Kohleausstieg erforderlich ist, um die Ziele aus dem Klimaschutzplan der Bundesregierung aus dem Jahr 2016 zu erreichen«.

Danach kann Deutschland »bis 2030 kohlefrei« werden. Der Kohleausstieg, so die Studie, eröffne neue wirtschaftliche Chancen.

Das Problem beim raschen Niedergang der alten Energieträger: In ihren Reserven wie Pipelines, Bergwerken und Kraftwerken stecken weltweit 250 Billionen (250.000 Milliarden!) Dollar. Dieser riesige drohende Wertverlust gefährdet nicht nur Millionen Jobs, sondern zugleich die gesamte Weltwirtschaft. Dabei wird freilich meist übersehen, dass der bisherige Umstieg auf erneuerbare Energien global bereits jetzt zu zehn Millionen neuen Jobs geführt hat und bis 2030 zu weiteren 15 Millionen zukunftsfähigen Arbeitsplätzen führen wird, schätzt die Internationale Agentur für Erneuerbare Energien, IRENA.

Die Menschheitsgeschichte und die bisherigen Job-Transformationen zeigen: Es wird wenig helfen, wenn Shell, BP, RWE oder E.ON die Augen vor dem drohenden Verlust schließen und so tun, als könnten sie ihr altes Geschäftsmodell noch viele Jahrzehnte weiter betreiben. RWE zerstört mit seiner Braunkohlepolitik Heimat, verspielt Vertrauen und damit seine eigene Zukunft.

Wenn 50.000 Menschen friedlich für das Ende der Braunkohleverbrennung und gegen das Abholzen des wertvollen Hambacher Forsts protestieren, dann schlägt ihnen der RWE-Chef ins Gesicht mit seiner Erklärung »Der Hambacher Forst ist nicht mehr zu retten. Der Wald gehört schließlich uns. Wir können damit machen, was wir wollen.« Davon, dass »Eigentum verpflichtet«, wie es der Artikel 14 unseres Grundgesetzes nennt, und dass Eigentum dem gesellschaftlichen Gesamtwohl verantwortlich ist, haben solche

Konzernbosse wohl noch nie etwas gehört. Und es stört sie kaum, dass sie mit ihrem Verhalten nicht nur ständig den Geist des Grundgesetzes verletzen (»Recht auf Leben« und »Recht auf Gesundheit«), sondern auch ihrem eigenen Konzern einen riesigen Imageschaden zufügen. Die Braunkohleverbrennung von RWE gehört zu den schlimmsten Klimakillern in Europa, hat die Europäische Union festgestellt.

Spätestens wenn der letzte Baum gerodet ist, wird auch der RWE-Boss feststellen, dass man Geld nicht essen kann.

Meine Erfahrung mit deutschen Konzernmanagern ist ohnehin ernüchternd: Je höher sie bezahlt sind, desto höher die Schäden, die sie ihrer eigenen Firma und damit ihren Mitarbeitern zufügen. Egal, ob sie Martin Winterkorn von VW (Dieselskandal 2017), Jürgen R. Großmann von RWE (Skandal um den Atomausstieg 2011), Rolf Martin Schmitz von RWE (Skandal um den Hambacher Forst 2018) oder Rupert Stadler von Audi (saß 2018 in Untersuchungshaft wegen des Dieselskandals) heißen. Sie haben gehandelt wie Kriminelle und obendrein noch die Zukunft verschlafen.

German Angst? Vom Musterschüler zum Sorgenkind

Deutschland hat im Jahr 2000 weltweit unter der damaligen rot-grünen Regierung das erste Erneuerbare-Energien-Gesetz, das EEG, verabschiedet. Das hieß: Einen ökonomischen Anreiz erhält, wer auf erneuerbare Energien umsteigt. Schon nach wenigen Jahren hatte sich durch diese Anreize der Strom aus erneuerbaren Energien verdoppelt, von etwa fünf auf zehn Prozent.

2019 sind wir etwa bei 40 Prozent. Wir könnten freilich schon viel weiter sein, wenn die Bundesregierungen der Großen Koalition dieses Gesetz in den letzten Jahren nicht ausgebremst hätten, sodass immer weniger Menschen bereit sind, in erneuerbare Energien zu investieren. Über 70 Regierungen auf der ganzen Welt haben dieses Gesetz in der Intention übernommen.

Die Große Koalition in Berlin machte allerdings aus den einst zwölf Paragrafen des EEG inzwischen ein Bürokratie-Monster mit 104 Paragrafen auf über 1.100 Seiten. Viele Hausbesitzer sagen mir voller Verzweiflung, dass sie ohne Hilfe eines Rechtsanwalts keine Solaranlagen mehr auf ihrem Haus installieren können. Dieses EEG hatte nur einen einzigen Fehler: Es war erfolgreich und wurde von den Bürgern begeistert angenommen. Aus Energieverbrauchern wurden immer mehr Energieproduzenten.

Das war der alten Energiewirtschaft und damit auch der Bundesregierung dann doch zu viel, und sie begann, ab 2012 zu bremsen und ständig bürokratische Hürden aufzubauen. Das EEG hat in Deutschland inzwischen auch zu über 330.000 neuen Arbeitsplätzen geführt. Es waren sogar schon einmal mehr. Jetzt droht Deutschland sogar die solare De-Industrialisierung – am Beginn des Solarzeitalters.

Hinter dem Ausbremsen der Energiewende steckt eine starke Lobby der alten Energiewirtschaft. Deshalb können die selbstgesteckten Klimaschutzziele bis 2020 auch nicht erreicht werden. Der notwendige Ausbau der Photovoltaik wurde seit 2012 um etwa 80 Prozent verfehlt. Damit einher ging der Verlust von circa 80.000 zukunftsfähigen Arbeitsplätzen, um 20.000 Jobs in der alten Kohlewirtschaft zu retten, die ohnehin nicht zu retten sind. Diese Politik erinnert an die makabre Schlagzeile einer deutschen Zeitung zu Allerheiligen: »Reges Leben auf allen Friedhöfen«.

Ebenso wurde der notwendige und mögliche Ausbau der solaren Wärme verfehlt oder auch die ursprünglich geplante Zahl von einer Million Elektroautos bis 2020. Die Windenergie soll als nächstes ausgebremst werden. Will die Blindheit der deutschen Bundesregierung etwa die Geschwindigkeit der globalen Erwärmung überholen?

Ganz anders andere Länder: In China wurden schon weit über eine Million Elektroautos zugelassen. In vielen chinesischen Großstädten fahren bereits Tausende Elektrobusse. In ganz Deutschland etwa 100. Die englische Regierung hat mit ihrer Autoindustrie ein Enddatum für den Verbrennungsmotor vereinbart. Das Mutterland der Kohle, England, will bis 2025 komplett aus der Kohle aussteigen. Frankreich bereits 2022. In Norwegen fährt bereits jedes zweite neu gekaufte Auto elektrisch.

Andere Länder haben Visionen statt German Angst. Andere Länder haben Zukunftspläne, Deutschland hat die Groko. Mit Verbrennungsmotoren, Kohlekraft und ins Ausland vertriebener Solarbranche lässt sich eben keine Zukunft gestalten, aber zum Glück auch keine Wahlen mehr gewinnen. Die Groko betreibt praktisch eine solare De-Industrialisierung. Keine Lust auf neue Technologien in Deutschland, keine Lust auf Zukunft. Deutschland wird der »kranke Mann Europas« im Solarzeitalter, analysiert der Solarexperte Professor Daniel Kray.

Deutschland kann die Ziele das Pariser Klimaabkommens nur noch erreichen, wenn Gas- und Ölheizungen bis 2020 durch Wärmepumpen abgelöst werden sowie Autos mit Verbrennungsmotoren bis 2025 durch E-Autos. Deutschland braucht mehr Mut zum Systemwandel, der ohnehin kommen wird. Bis 2030 kommt die saubere Revolution. Ob mit oder ohne Deutschland.

Gott ist die Sonne hinter der Sonne – die Ur-Energie

Es ist kein Zufall, dass die Sonne in allen Religionen ein göttliches Symbol ist. Wer oder was ist Gott? Wenn ich heute vor Theologen referiere und sage, Gott ist die Sonne hinter der Sonne, Gott ist Energie, die Urkraft, der wir alles verdanken, widerspricht niemand mehr. Im Johannesevangelium wird Gott als Geist verstanden. Und auch Jesus benutzt Energie-Bilder, um zu erklären, was er will: In seiner aramäischen Muttersprache sagt er im Lukasevangelium »Ich kam auf die Erde, um eine Fackel anzuzünden. Und wie wünschte ich, sie lodere schon.«

Die Sonne ist das große Geschenk des Kosmos an alles Leben auf unserer Erde: Das einzige Einkommen, das wir haben. Alles andere sind Ausgaben und Zukunftskosten. Wir müssen lernen: Ohne Sonne kein Leben. Mit intelligenter Sonnennutzung aber ein Leben in Hülle und Fülle. Für alle! Jesu Auftrag: Seid Feuer, nicht Asche!

Das Zusammenspiel zwischen Erde und Sonne ist kein Zufall, sondern ein grandioses Wunder. Wäre unser Planet näher an der Sonne, dann wäre hier Leben nicht möglich, weil es so heiß wäre wie auf der Venus. Wären wir weiter von der Sonne entfernt, dann hätten wir eine Kälte wie auf dem Mars. Die exakt richtige Entfernung zwischen Erde und Sonne ist das Geheimnis unseres Hierseins. Eine zweite Erde haben wir nicht. Deshalb haben wir keine Alternative zum richtigen Leben auf dieser Erde. Wir brauchen eine Erdpolitik und eine Sonnen-Strategie. Wir müssen endlich lernen, uns auf dieser Erde anständig zu benehmen. So, dass auch unsere Kinder und Enkel und deren Kinder und Enkel ein lebenswertes Leben führen können.

Erste Überlebensstrategie: Erdpolitik

Wir alle leben von etwa 30 Zentimetern Erde unter unseren Füßen. Doch mit dem Boden gehen wir um, als sei er der letzte Dreck. Wir haben verdrängt, was wir einst in der Schule gelernt haben: In *einer* Handvoll Erde leben mehr Kleinstlebewesen, als es Menschen auf unserem Planeten gibt. Die Missachtung des fruchtbaren Bodens führt heute zum größten Massensterben seit dem Aussterben der Dinosaurier vor 65 Millionen Jahren.

Sechsmal gab es bereits ein Massensterben auf unserer Erde. Jedes Mal waren Naturkatastrophen die Ursache. Doch jetzt, beim derzeitigen siebten Massensterben, ist jene Spezies verantwortlich, die sich selbst den Namen Homo sapiens gegeben hat, sich aber benimmt wie Homo Demens oder Homo Dummkopf. Die Natur braucht 30.000 Jahre, um eine neue Spezies zu schaffen, wir aber rotten pro Tag 150 Tier- und Pflanzenarten aus und zerstören damit unsere eigene Lebensgrundlage. Biologen sagen, dass die Arten heute mindestens hundertmal schneller aussterben als früher, manche Biologen sagen: bis zu tausendmal schneller. Ohne Tiere und ohne Pflanzen keine Menschen. Wir alle stehen auf den Schultern unserer älteren Geschwister in der Tier- und Pflanzenwelt.

Dass in Deutschland seit 1990 76 Prozent aller Insektenarten ausgestorben sind, haben wir mitbekommen. Dass aber jede Art zählt, auch die kleinste und unscheinbarste, ist noch nicht in unserem Bewusstsein angekommen. Wenn ich mich an meine Jugend erinnere, frage ich mich: Wo sind all die Insekten geblieben? Seit wann sind sie weg? Und warum habe ich es kaum bemerkt?

Am 1. Dezember 2018 schrieb die New York Times: »Insekten droht die Apokalypse«. Das totale Insektensterben wäre ein Desaster für alles Leben auf unserer Erde. Denn alles hängt mit allem zusammen. Die Dürre in Deutschland hat mit schmelzenden Eisbergen in der Arktis zu tun. Insekten sind die lebenden Bestäuber und die Recycler der Ökosysteme und die Basis aller Lebensmittel – überall.

In den USA sind in den letzten 20 Jahren bereits 90 Prozent aller Schmetterlingsarten ausgestorben. Das ist mehr als nur ein »stummer Frühling« wie ihn Rachel Carson schon vor bald 60 Jahren in ihrem Weltbestseller prognostizierte. Das ist in der Tat die Apokalypse – stummer Frühling, stummer Sommer, stummer Herbst und trostloser Winter. Dürre-Frühjahr, Dürre-Sommer, Dürre-Herbst und schneearmer Winter.

Es geht also nicht nur um niedliche Pandabären oder süße Bambis. Es müssen alle, wirklich alle Ökosysteme und alle Arten so zusammenarbeiten, dass ein gutes Leben funktionieren kann. Jede Art zählt. Die Vorstellung »ist doch wunderbar, wenn uns keine

Mücken mehr stechen« oder »wie angenehm, dass jetzt meine Windschutzscheibe am Auto sauberer bleibt als früher« ist nicht nur dummdreist, sie ist lebensgefährlich. Wenn wir so weitermachen, haben wir in unseren Meeren bald mehr Plastikmüll als Fische. Können wir Tiere bald nur noch im Zoo oder im Stall sehen? Der WWF hat errechnet, das seit 1960 die Anzahl der Wirbeltiere weltweit bereits um 60 Prozent zurückgegangen ist.

Oft wird Plastik einfach auf wilde Deponien oder in Flüsse gekippt. Zu den größten Quellen von Plastik im Meer gehören Chinas Yangtse-Fluss und Indiens Ganges. Plastikmüll ist ein globales Problem. Wann gibt es endlich nicht nur Weltklimakonferenzen und Biodiversitäts-Konferenzen, sondern auch globale Gipfel zum Plastikmüll?

Das alles hängt natürlich auch mit unserem Lebensstil zusammen. Der ist wie Kettenrauchen oder Komasaufen mehr als ungesund – zu Lasten der Gesundheit unseres Planeten. Mikrospuren von Plastik werden bereits im menschlichen Körper nachgewiesen. Wenn immer mehr Mitbewohner verenden, könnte das gesamte Ökosystem ins Wanken geraten. 37 Kilogramm Plastik produziert der Durchschnittsdeutsche pro Jahr, mehr als die anderen Europäer. Die Lösung braucht mehr als nur gut gemeinte Strohhalmboykotte. Wir müssen vor allem lernen, solche Materialien zu benutzen, die immer wieder verwendet werden können, anstatt Erdöl zur Plastikherstellung zu verbrauchen. Jeder und jede kann hier auf Plastikreduzierung im Alltag achten. Die große Lösung aber müssen Politik und Konzerne finden.

Das Artensterben ist für das Überleben unserer Spezies nicht weniger dramatisch oder weniger gefährlich als der Klimawandel. Mit dem Verschwinden der Artenvielfalt, wird auch die Leistungsfähigkeit der Ökosysteme reduziert. In den letzten 50 Jahren sind in Europa die Öko-Leistungen um etwa 50 Prozent zurückgegangen, zum Beispiel durch das Bienensterben. Ein unermesslicher ökonomischer Schaden von Hunderten Milliarden Euro, jedes Jahr.

Bienen, Ameisen und Maulwürfe arbeiten für uns Menschen als Landwirte. Albert Einstein soll mal sinngemäß gesagt haben, wenn es keine Bienen mehr gibt, dann wird es drei Jahre später auch keine Menschen mehr geben. Wir können nur hoffen, dass er sich wenigstens bei der Jahreszahl geirrt hat.

»Amsel, Drossel, Fink und Star – und die ganze Vogelschar« haben unsere Kinder noch gesungen. Das ist vorbei. Unser Haus im Schwarzwald steht unmittelbar an einem Wald. Noch vor 20 Jahren wurden wir jeden Morgen vom Chor der Vogelstimmen geweckt. Dieses Morgenkonzert ist wohl für immer nur noch Erinnerung.

Bei meinen Vortragsreisen sehe ich aus dem Zugfenster manchmal noch eine Schafherde weiden, einen Habicht über einem Feld kreisen oder einen Reiher am Flussrand spazieren. In Zukunft ist auch das nicht mehr selbstverständlich. Jeden Tag wird unser Planet ärmer an Vielfalt. Natur meint aber immer Vielfalt und niemals Einfalt. Jeder dumme Mensch kann einen Käfer am Weg zertreten, aber alle Professoren der Welt können keinen einzigen Käfer zum Leben erwecken.

Ökosysteme können nur funktionieren, wenn Millionen Arten zusammenarbeiten – auch die kleinsten und unscheinbarsten. Myriaden von Kleinstlebewesen sorgen über fruchtbaren Boden für unser Leben und Überleben. Der Verlust von Biodiversität wird langfristig Hunger und Armut für Milliarden Menschen nach sich ziehen.

Drei Viertel der Nahrungspflanzen der Welt hängen von der Bestäubung ab, was einen ökonomischen Wert von um die 500 Milliarden Dollar ausmacht, hat der Weltbiodiversitätsrat berechnet. Es darf sich künftig einfach nicht mehr rechnen, gegen das Klima und gegen die Artenvielfalt zu wirtschaften. Wir müssen lernen, mit der Natur zu rechnen. Ohne Natur haben wir bald kein trinkbares Wasser, keine gute Luft, keine Wälder zum Durchatmen und keine Medikamente aus Pflanzen mehr. Allein zwischen 1970 und 2012 sind die Wildtierbestände um 60 Prozent gesunken, so eine Studie des WWF. Ohne funktionierende Umwelt wird unser Planet für Menschen langfristig unbewohnbar.

25 Prozent der landwirtschaftlichen Flächen Europas sind von Bodenerosion betroffen. Die Wasserverfügbarkeit sank seit 1990 um 15 Prozent. Die schwierige politische Aufgabe: Naturverbrauch und Naturbelastung müssen einen Preis bekommen. Oder, wie es Ernst Ulrich von Weizsäcker seit vielen Jahren fordert: Die Preise müssen endlich die »ökologische Wahrheit« sagen. Naturverbrauch sollte sanft besteuert werden. Zum Beispiel über eine Steuer auf Energie, Wasser oder Rohstoffe.

Wenn dieser Eingriff nicht durch tausend Gesetze und Vorschriften erfolgte, sondern so gesteuert würde, dass diese Steuer nicht höher wäre als die Effizienzgewinne für die Wirtschaft im vergangenen Jahr, dann wäre eine Naturverbrauchssteuer unbürokratisch und populär und hätte eine durchschlagend positive Wirkung. Und die Preise bleiben gleich. Das wäre weit gerechter als das, was der französische Präsident Macron 2018 in Frankreich durchsetzen wollte und was an der Demonstrationslust und Wut der Franzosen scheiterte.

Und – ganz wichtig – die Industrie würde wettbewerbsfähiger als zuvor. Ernst Ulrich von Weizsäcker sagte dazu einmal: »Hohe Energiepreise, wenn sie richtig gemacht werden, können die Wettbewerbsfähigkeit befeuern statt lähmen.«

Zweite Überlebensstrategie: Sonnenpolitik

Die Sonnenenergie reicht für alles Leben zu allen Zeiten! Die Welt ist voller Energie. Wir nutzen nur die falsche. Kein Kind muss mehr verhungern, wenn wir endlich eine intelligentere und nachhaltige Energiepolitik lernen. Denn Energie ist die Basis allen erfolgreichen Wirtschaftens. Die bereits in Deutschland, Österreich, England, Island, Norwegen, Schweden, Dänemark, aber auch in China, Indien, Bangladesch, Kalifornien, Korea, Costa Rica, Brasilien, Marokko, Saudi-Arabien und Japan eingeleitete Energiewende zeigt, dass der hundertprozentige Umstieg auf erneuerbare Energien in vielleicht drei Jahrzehnten, wenn wir gut sind auch früher, vollendet werden kann.

Allein die Sonne schickt uns jede Sekunde unseres Hierseins 15.000-mal mehr Energie als zurzeit alle 7,7 Milliarden Menschen verbrauchen. Und wissen Sie, was das heißt?

1,2 Prozent der Sahara-Fläche mit Solaranlagen würde theoretisch ausreichen, um die heutigen fast acht Milliarden Menschen mit Energie zu versorgen. Das würde freilich rund fünf Billionen Dollar kosten. Sehr viel Geld. So viel haben jedoch allein die USA seit 2001 für ihre Kriege im Mittleren Osten und in Asien ausgegeben. Es ist etwa so viel Geld, wie die Welt in den letzten drei Jahren ins Militär investiert hat.

Viel intelligenter ist es natürlich, die Solarenergie dezentral auf den Dächern aller Länder zu produzieren und damit Leitungen von vielen tausend Kilometern rund um den Globus zu verhindern. In Kalifornien beispielsweise muss ab 2020 auf jedem Neubau, der drei Stockwerke und weniger hat, eine Solarstromanlage angebracht werden.

In einer Stunde also schickt uns die Sonne etwa so viel Energie, wie die Menschheit in einem ganzen Jahr verbraucht. Und das Schönste: Seit 2009 konnte die Solarindustrie die Kosten für Solarstrom um 86 Prozent senken. In über 70 Ländern ist Solarenergie bereits die preiswerteste Energiequelle. Bald in allen Ländern.

Mit Hilfe der erneuerbaren Energien haben wir erstmals drei große Chancen, sagt der Friedensnobelpreisträger Muhammad Yunus in seinem Buch »Ein anderer Kapitalismus ist machbar«: Wir können Armut und Hunger überwinden, Arbeitslosigkeit abschaffen und Nachhaltigkeit fördern. Ist ein menschlicherer Kapitalismus wirklich möglich?

Yunus' Menschenbild ist nicht geprägt vom Menschenbild des Homo oeconomicus, dem es primär um individuelle Profitmaximierung geht, sondern von Menschen, denen es immer auch um das Gemeinwohl geht. Yunus hat Millionen armen Frauen Kredite gegeben, denen er vertraut hat, dass sie die Kredite zurückzahlen. Er wurde nicht enttäuscht. Die Armen sind kreditwürdig, sowohl in Bangladesch als auch überall auf der Welt. Yunus' Menschenbild ist von Vertrauen statt von Misstrauen geprägt.

Das kann der Beginn einer zivilisatorischen Revolution werden, der auch den allgegenwärtigen Fatalismus überwinden könnte. In den letzten 1960er Jahren ist es gelungen, die Kindersterblichkeitsrate stark zu senken, die Rate der Analphabeten um 60 Prozent, die Armutsrate um 80 Prozent. 1960 haben etwa 50 Prozent der Weltbevölkerung gehungert, heute noch zehn Prozent. Auch die Energiewende ist möglich. Ich widerspreche Elon Musk und Stephen Hawking mit ihrer Vision vom Leben auf dem Mars als Lösung des Klimaproblems. Selbst unser Südpol ist lebensfreundlicher als der eisige Wüstenplanet mit Durchschnittstemperaturen von minus 170 Grad Celsius.

Wir haben keine zweite Erde für den Fall, dass wir unseren Planeten zerstören. Dieser Planet Erde ist und bleibt unsere Heimat. Hier haben wir alles, was wir brauchen: Luft zum Atmen, Wasser zum Trinken, Früchte und Gemüse zum Essen, Menschen zum Lieben. Eigentlich ein Paradies. Eine Welt, in der wir ein schönes und gutes Leben führen können.

Wie das gelingen soll? Das sagen uns spätestens die Allgemeinen Menschenrechte, welche die UNO vor 70 Jahren verabschiedet hat. Oder auch Erich Kästner mit seinem Leitspruch: »Es gibt nichts Gutes, außer man tut es.« Oder Jesus von Nazareth mit seiner Bergpredigt. Oder schon 500 Jahre vor ihm Buddha mit seiner Lehre vom achtfachen Pfad. Oder Papst Franziskus mit seiner Enzyklika »Laudato Si – Über die Sorge für das gemeinsame Haus«. Oder die »Erd-Charta«, die Umweltverbände aus der ganzen Welt, aber auch mutige Politiker wie Michail Gorbatschow sowie Vertreter aller Religionen um die Jahrtausendwende erarbeitet haben. Artikel 1 dieser »Erd-Charta« heißt: »Achtung haben vor der Erde und dem Leben in seiner ganzen Vielfalt«. Und der letzte Artikel: »Eine Kultur der Toleranz, der Gewaltlosigkeit und des Friedens fördern«.

Erst wenn wir erkennen, dass uns nichts fehlt, erkennen wir die wahre Schönheit unseres Planeten. Schon Mahatma Gandhi wusste: »Die Welt hat genug für jedermanns Bedürfnisse, aber nicht genug für jedermanns Gier.« Die Regeln des Menschenzeitalters, des Anthropozäns, sind: Demut, ein Bewusstsein unserer Grenzen, eine intelligente Selbstbegrenzung sowie grenzenlose Lust auf Zukunft. Das meint kein grenzenloses materielles Wachstum, aber geistiges, spirituelles, seelisches und kulturelles Wachstum. Nirgendwo in der materiellen Natur herrscht grenzenloses Wachstum, wohl aber in der geistigen Natur. Geistig können wir unendlich wachsen.

Der Klimawandel erfordert einen Gesellschaftswandel. Dafür fehlt es nicht mehr an Wissen, aber an ein wenig Weisheit. Deutschland müsste sich heute nur so verändern wie in den Aufbruchsjahren nach dem Zweiten Weltkrieg, etwa zwischen 1950 und 1980, oder wie beim Aufbruch vor 180 Jahren, als hierzulande gegen viele Widerstände die Eisenbahn gebaut wurde. Es geht also, wenn wir es wirklich wollen. Wann, wenn nicht jetzt? Denn wir stehen an einem Scheideweg. Wir sind dabei, unseren Kindern und Enkeln ein höllisches Klima zu hinterlassen. Und die Künstliche Intelligenz? Nichts dagegen. Aber schon ein wenig mehr natürliche

Intelligenz reicht aus, um unsere heutigen Probleme zu lösen.

Knapp sind nicht die erneuerbaren Energien, knapp ist allenfalls die Zeit, die uns für den Umstieg noch bleibt. Wir haben nicht mehr als eine Gnadenfrist, nämlich die Lebenszeit unserer Generationen. Es ist zum Glück noch nicht fünf nach zwölf, es ist aber fünf vor zwölf. Noch können wir den Klimawandel stoppen und die Energiewende schaffen.

»Klimaschutz muss sexy werden«, sagt dazu der Meteorologe und Klimaexperte der ARD, Sven Plöger. Muhamad Yunus verkauft im Armenhaus Asiens zurzeit 4.000 Photovoltaikanlagen pro Tag an die Armen. Er ist damit ohne politisches Amt zum erfolgreichsten Solarpolitiker der Welt geworden. Bangladeschs Solaranlagen sind zwar kleiner als die durchschnittlichen in Deutschland, aber es gibt dort mehr davon, als wir im reichen Deutschland bisher installiert haben.

Menschen können sich ändern – ebenso auch Gesellschaften. Wie schon aufgezeigt, habe auch ich diese Erfahrung machen dürfen. Auch Deutschland hat sich nach 1989 verändert, was zuvor kaum jemand für möglich gehalten hätte. Die friedliche Zusammenarbeit der EU-Länder nach jahrhundertelangen schrecklichen Kriegen ist heute ebenso möglich, ja selbstverständlich wie ähnliche Fortschritte in Asien, Lateinamerika oder auch in Afrika.

Es ist der wahrscheinlich größte Selbstbetrug der Menschheit, wenn sie aus solchen positiven Entwicklungen noch immer glaubt, nichts lernen zu können. Noch nie hat ein Mitglied der Europäischen Union gegen ein anderes Mitglied einen Krieg geführt. Welch ein Fortschritt!

Schon Charles Darwin wusste: »Es ist nicht die stärkste Spezies, die überlebt, auch nicht die intelligenteste, sondern die, die am besten auf Veränderung reagiert.« Nur nachhaltiges Wirtschaften wird unser Überleben sichern. Ökonomische Nachhaltigkeit wird zur ökonomischen Notwendigkeit. Dazu dieser populäre Joke: Im Weltall treffen sich zwei Planeten – unsere Erde und ein anderer Planet. Fragt der andere die Erde: »Na, alte, gute Erde, wie geht es dir?« Antwortet die Erde: »Nicht gut, ich habe Homo sapiens an Bord.« Die Antwort des anderen: »Das hatte ich auch schon mal. Aber mach dir nichts draus, das vergeht wieder.«

Lebewesen und Systeme sterben aus, wenn sie nicht nachhaltig arbeiten. Die Natur kennt keinen Abfall. Alles wird wieder aufbereitet und wieder verwertet. Der nachhaltigste Energielieferant der Natur ist die Sonne, die uns über die Photosynthese reicht beschenkt. Wenn die Sonne nur drei Wochen nicht auf unsere Erde schiene, dann wäre hier alles Leben tot. Ohne Sonne kein Leben.

3 Der Hitzesommer 2018 als Vorbote der Klimaerhitzung

Was lernen wir aus dem Hitzesommer 2018?

Wer im Sommer 2018 aus dem Fenster schaute, spürte es: Die Klimakatastrophe kommt nicht, sie ist da! Was lernen wir aus jenem Hitzesommer 2018 oder auch aus dem des Jahres 2003? Was müssen, was wollen wir ändern? Die Klimaforscher sagen, dass solche Sommer künftig normal werden. Ich habe im Sommer 2018 bei Vorträgen in Norddeutschland Bauern getroffen, die darüber klagten, dass wegen der extremen Trockenheit ihre Ernte um bis zu 80 Prozent verloren sei. Sie seien in ihrer Existenz gefährdet. Nur einen Tag später traf ich in Rheinland-Pfalz Bürgermeister und Landräte, die berichteten, die Keller in ihrer Region stünden allesamt unter Wasser.

Diese Extremwetter sind genau die Entwicklung, die Klimaforscher weltweit befürchtet und seit langem vorhergesagt haben. Es sind die Vorboten der Klimakatastrophe, die auch Deutschland und Europa treffen werden. Zumindest über heute noch unvorstellbare Ströme von Klimaflüchtlingen. Schon jetzt sind in Afrika 18 Millionen Klimaflüchtlinge unterwegs. Noch in Afrika.

Heiß-Zeit war das Wort des Jahres 2018

Sommer 2018 in Deutschland: Wälder brennen, Felder verdorren, Bäume und Wiesen trocknen aus. Deutschland erlebt die größte Dürre seit 1870. Während es 2017 im Sommer in Deutschland zu feucht war, war es im Sommer 2018 zu heiß. In unseren Städten potenziert sich das Problem der Hitzebelastung. Die Extreme häufen sich.

Bisher waren außergewöhnliche Klimaereignisse oft mit natürlichen Ursachen zu erklären, doch die aktuellen Erwärmungsrekorde sind menschengemacht. Die CO_2-Konzentrationen liegen heute höher als in den letzten 850.000 Jahren. Und diese haben wir Menschen des Industriezeitalters emittiert. Wir sind dabei, die Kontrolle über das Klima zu verlieren. Heiß-Zeit war das Wort des Jahres 2018. Anfang 2019 weist Außenminister Heiko Maas im Sicherheitsrat der UNO darauf hin, dass der Klimawandel auch ein zunehmendes Sicherheitsrisiko für die Welt ist.

–   In der Sahelzone nehmen Konflikte zu, weil Wasser und Land für Ackerbau immer knapper würden.
–   Im Irak behindert die Wasserknappheit die Friedensperspektive.
–   Ähnliches gelte für Afghanistan und den Jemen.
–   Der Tschadsee schrumpft und damit schwinden die Lebensgrundlagen für Millionen Menschen.

–   Bangladesch und andere Inselstaaten sind durch
    den steigenden Meeresspiegel in ihrer Existenz
    bedroht.

Die zurückliegenden vier Jahre – 2014, 2015, 2016 und
2017 – waren so heiß wie nie zuvor in den letzten
850.000 Jahren. Der Klimawandel hat uns bereits fest
im Griff. Für Millionen Menschen war die Klimaerhitzung 2018 erstmals fühlbar. In Deutschland sprachen
die einen voller Begeisterung von einem Sommermär-
chen, weil es kurzfristig so angenehm warm war: Sonne, Wärme, Grillen, Baden. Der Spiegel schrieb: »Die
Südsee macht Urlaub in Deutschland«.

Aber die anderen dachten an den Klimawandel und
seine langfristigen Folgen: Die Notaufnahmen der
Krankenhäuser waren voll, und die Hitze setzte den
Alten und Kranken mehr zu, als ihnen lieb war. Die
Stadt Athen stellte nachts für Alte und Kranke öffentliche Räume zum Schlafen zur Verfügung, die gekühlt
waren. Ist das noch kurzfristiges Wetter oder schon
langfristige Klimaerhitzung? Der Sommer 2019 dürfte
nach den Vorhersagen des Deutschen Wetterdienstes
ähnlich heiß werden wie der Hitzesommer 2018. Ich
bin im Mai 2019 zu Vorträgen in Finnland, Polen, Russ-
land und in den baltischen Ländern. Überall höre ich
dasselbe: »Die Wasserprobleme sind 2019 schon im
Frühjahr noch dramatischer als im Jahr zuvor. Wir er-
warten einen weiteren Hitzesommer«.

Klar ist: Der größte Aufheizer ist bisher das von
Menschen emittierte Kohlendioxid über das Verbrennen von Kohle, Gas, Öl, Benzin und Diesel. Es droht
aber mit dem Freisetzen von Methan durch das Auftauen der Permafrostböden schon bald ein noch viel

gefährlicherer Klimakiller. Fest steht: Wer Kinder und Enkel hat, muss sich Sorgen um deren Zukunft machen. Sie werden die Klimaerhitzung in allen Auswirkungen, Formen und Facetten zu spüren bekommen.

Oktober 2018 in Deutschland: Seit Monaten hat es kaum geregnet – Böden trocknen aus, Fähren können nicht übersetzen, Pegel sinken und sinken. Frachtschiffe laufen auf Grund. Deutschlands wichtigster Fluss führt an einigen Stellen so wenig Wasser, dass Anwohner durch den fast ausgetrockneten Rhein spazieren können. Er fließt 885 Kilometer durch Deutschland – vorbei an Karlsruhe, Mainz, Koblenz, Bonn, Köln, Düsseldorf und Duisburg.

Das Niedrigwasser hatte zur Folge, dass viele Frachtschiffe nur noch ein Drittel ihrer normalen Last mit sich führen konnten. Die Konsequenz: Steigende Benzin- und Dieselpreise, weniger Strom aus Wasserkraft, leere Talsperren. Wenn der Wasserspiegel sinkt, bedeutet dies auch höhere Transportkosten. Viele Schiffe konnten mit ihren Containern gar nicht mehr fahren, weil sie auf Grund gelaufen wären. Niedrigwasser verändert nicht nur die Flüsse, sondern richtet auch gewaltigen wirtschaftlichen Schaden an. Sogar die Kartoffeln waren in diesem Hitzejahr kleiner und teurer als sonst.

November 2018: Zuerst riesige Überschwemmungen und Stürme in Kalifornien, dann Wald- und Steppenbrände mit Dutzenden Toten und Milliarden Schäden. Über 80 Menschen sind gestorben. Mehr als 300.000 Menschen mussten ihre Häuser verlassen. Tausende haben ihre Existenz verloren. Ein Höllenfeuer in der Feuerhölle. Der Klimaforscher Tim Brown sagt dazu: »Eines lässt sich mit Sicherheit sagen: Die

Wahrscheinlichkeit großer Brände nimmt zu.« Die Zahlen der von Bränden betroffenen Flächen in Kalifornien der letzten Jahre geben ihm recht: 2016 waren es 2.286 Quadratkilometer, 2017 schon 5.053 und 2018 schließlich 6.587. Was muss noch alles passieren, bis wir aufwachen? Oder bis auch US-Präsident Donald Trump erkennt, was der von Menschen verursachte Klimawandel mit Menschen anstellt?

2018 erlebten wir Waldbrände in ganz Europa – von Griechenland bis Finnland. Noch im November riesige Überschwemmungen mit Milliardenschäden in England. Das noch »ewige Eis« am Nordpol und Südpol, in Grönland und Alaska schmilzt schneller als je zuvor in den letzten 800.000 Jahren.

Am Ende dieses Jahrhunderts gibt es in den Alpen vielleicht noch einen einzigen Gletscher. Den Milliardenvölkern Indien und China droht, so warnt auch der Dalai Lama, der im nordindischen Dharamsala lebt, eine heute noch unvorstellbare Wasserkatastrophe, von der über zwei Milliarden Menschen in Indien und China betroffen sein können. Im südindischen Kerala müssen 2018 1,4 Millionen Menschen aus ihren Häusern fliehen – wegen Überschwemmungen.

Im Januar 2019 erlebt Australien eine Heiß-Zeit wie seit Jahrhunderten nicht mehr. In nur zwei Tagen schon in der Vorweihnachtszeit 2018 ist ein Drittel aller Brillenflughunde Australiens ausgestorben – mit unabsehbaren Folgen. Denn die Flughunde übernehmen in Nordostaustralien die Rolle des Bestäubers.

Australier sind Hitze gewohnt. Aber bei knapp 50 Grad nördlich von Adelaide ist es in jenem Januar so heiß, dass nicht nur Fledermäuse tot von den Bäumen fallen, sondern auch Pferde verdursten und Menschen ihre Kopfkissen ins Gefrierfach legen, wie die Tagesschau berichtete. Irgendwie muss man mit der Heiß-Zeit ja klarkommen. In Teilen Australiens hat es seit Jahren nicht geregnet. Im Zoo von Adelaide bekommen Kängurus Eisblöcke zur Abkühlung.

Am heißesten ist es im Zentrum des Kontinents, am roten Uluru, dem Wahrzeichen Australiens, früher Ayers Rock. Der »heilige Felsen« ist ab acht Uhr morgens für Besucher gesperrt. Auch nachts sinken die Temperaturen nicht unter 30 Grad. Die Korallenriffe am Great Barrier Reef bleichen immer mehr aus. Ursache: Hitzestress. Doch die Regierung von Australien spricht nicht vom Klimawandel. Sie will im Kohleland neue Kohlekraftwerke bauen.

Zur selben Zeit stöhnen die USA unter einem Kälteschock. In Nordamerika ist es an einigen Orten kälter als in der Antarktis, bis zu 40 Grad minus – die »vereisten« Staaten von Amerika. Präsident Trump höhnt wieder einmal per Twitter: »Wo bleibt denn der Klimawandel? Bitte komm zurück und hilf uns. Wir brauchen dich.« Der mächtigste Mann der Welt wird total ohnmächtig, wenn eintritt, was die Klimaforscher seit Jahrzehnten vorhersagen: zunehmende Wetterextreme. Der Ignorant im Weißen Haus kennt nicht den schlichten Unterschied zwischen Wetter und Klima, den jedes Kind heute in der Schule lernt: Die Wetterextreme sind die Vorboten des Klimawandels! Wetter ist das, was wir morgen und übermorgen erleben. Klima ist das, was uns in 30 Jahren erwartet.

Wenn das Paradies zur Hölle wird

Kalifornien ist ein sonniges und wunderschönes Küstenland mit herrlichen Landschaften und vielen Wäldern im Westen der USA. Das Land ist so schön, dass ein 27.000-Einwohner-Städtchen sogar »Paradise« heißt. Hier haben sich die Reichen und die Schönen, die Promis und die Möchtegern-Promis angesiedelt. Die menschliche Sehnsucht nach dem Paradies ist eben ungebrochen.

Doch nach den verheerenden Waldbränden gleicht dieses Paradies jetzt eher einer Geisterstadt. Die Brände hat weder ein böser Gott noch der Teufel gelegt. Mitschuld sind wir Menschen und unsere Zivilisation. Viele Kalifornier wollten den Ballungsgebieten um Los Angeles oder San Francisco entfliehen. Sie wollten nur noch aufs Land.

Neue Gemeinden entstanden dort, wo es seit Jahrhunderten durch natürliche Feuer immer wieder brennt. Bisher gab es alle zehn bis 15 Jahre große Buschfeuer in der trockenen Steppenlandschaft. Die moderne Zivilisation bringt neben Häusern Straßen, Autos, Stromleitungen, Zigarettenkippen oder Grillfeuern immer mehr Brandgefahren mit sich. Hinzu kommt natürlich die Klimaerhitzung.

Für die ARD erklärt der Meteorologe Craig Clements, dass Kalifornien einzigartige Wetterbedingungen habe: In Kalifornien gebe es mehrere Bergketten, mehrere Windsysteme. Hinzu kommt, dass in Kalifornien fast nur mit Holz als Baumaterial gebaut wird. Die staatliche Forstwirtschaft ließ das Unterholz liegen, damit die Natur sich selbst regeneriere. Auch deshalb brennen die Wälder heute etwa zehnmal so schnell und so oft wie vor 50 Jahren. Die Klimaerhitzung hat diesen Prozess noch beschleunigt.

Früher galt die »Feuersaison« zwischen Mai und September als natürlich. Doch jetzt besteht wegen der menschlichen Eingriffe nahezu das ganze Jahr über Feuergefahr. Im November 2018 steht das ganze Land in Flammen. California dreaming? Malibu ist abgebrannt – wohin jetzt?

Feuerwehrleute – die Helden dieser Tag in Kalifornien – wirken plötzlich hilflos. Einer sagt: »Ich bete, dass die Winde es gut mit uns meinen.« Der Feuerwehrchef von Los Angeles: »Gegen den Klimawandel sind wir machtlos. Das ist jetzt unser Hauptproblem.« Die globale Hightech-Fabrik und das reiche Traumland sind plötzlich ganz arm dran und machtlos. Wo es mehrere Jahre nicht regnet, wird jeder Busch zur potenziellen Brandfackel.

Keine gute Story für das kalifornische Hollywood. Milliardäre und Regisseure denken jetzt über Fluchtmöglichkeiten nach. Aber wohin fliehen, wenn Brände nicht nur Kalifornien unbewohnbar machen, sondern auch Paradiese am Starnberger See oder auf Sylt, auf Mallorca, in der Toskana oder an der Côte d'Azur? Selbst US-Präsident Trump kann nun den Klimawandel nicht mehr bestreiten. Doch jetzt bestreitet er, dass Menschen damit etwas zu tun haben oder etwas dagegen tun könnten. Er lobt nach wie vor seine »wundervolle Kohle« und argumentiert gegen Klimaschutz genauso wie in Deutschland die AfD. Trump gab dem »schlechten Management kalifornischer Förster« die Schuld an den katastrophalen Bränden und übersah, dass die meisten Wälder in Kalifornien unter bundesstaatlicher Aufsicht stehen.

Vielleicht könnte Donald Trump mit seiner »America first«-Philosophie die Dringlichkeit der Energiewende verstehen, wenn sie ihm jemand so klarmachen könnte: »American sun first! American wind first! American biomass first! American water first!«

Trumps Klimabehörde gegen Trumps Klima-Ignoranz

Unmittelbar nach den verheerenden Bränden in Kalifornien haben die Klimabehörden der US-Regierung in einem 1.600-Seiten-Bericht vor den Folgen der Klimaerhitzung für die stärkste Industriemacht der Welt gewarnt – nach dem Motto: »Der Klimawandel ist hier und passiert jetzt.« Dieser Bericht hat Trump gar nicht gefallen. Er hält die Klimaerhitzung für eine »Erfindung der Chinesen, um der US-Wirtschaft zu schaden«.

Ganz anders die Klimawissenschaftler seiner eigenen Regierung. Im Bericht heißt es: »Wir tun nicht genug, um den Ausstoß von Treibhausgasen zu verringern. Und wir tun nicht genug, um uns gegen die unvermeidlichen Folgen des Klimawandels zu schützen. Wir tun nur sehr wenig, um uns auf die Risiken einzustellen.«

Als Begleiterscheinungen und Folgen des Klimawandels zählen die Forscher konkret Folgendes auf:
- stärkere und mehr Hurrikane als früher,
- schlimmere Überschwemmungen,
- zunehmende Waldbrände wie in Kalifornien,
- am stärksten betroffen seien die Küstenregionen,
- Küstenabschnitte in Louisiana und Virginia seien bald nicht mehr bewohnbar,
- Straßenüberschwemmungen passieren heute sechsmal häufiger als früher.

Die Wissenschaftler fragen: »Und was sind die Ursachen?« Ihre unmissverständliche Antwort: »Die Erderwärmung.«

Viele Medien sahen in diesem Bericht eine Ohrfeige für den Präsidenten. Auf die bevorstehenden Schäden für die US-Wirtschaft angesprochen, sagt der Präsident: »Das glaube ich nicht.« Für ihn ist Wissenschaft noch immer eine Glaubensfrage – wie für die christlichen Kirchen im Mittelalter. Das wird den Klimawandel aber kaum interessieren.

Die Empfehlung der Wissenschaftler sind zentral gegen Trumps »Glauben« gerichtet: endlich die Treibhausgase reduzieren, weg von den fossilen Rohstoffen, im Pariser Klimaabkommen bleiben. Das alles dürfte Trump nicht überzeugen. Kurz vor den Bränden in Kalifornien hatte er auf Twitter wieder einmal Wetter und Klima verwechselt. Über die Kältewelle im November in den USA hatte er gewitzelt: »Was bitteschön ist mit der Erderwärmung passiert?«

Dieser Regierungsbericht hat viele Amerikaner aufgeschreckt. Er appelliert nicht an Moral oder Verantwortung, sondern zeigt schonungslos, was der US-Wirtschaft ohne Klimaschutz droht: bis zu zehn Prozent Einbußen des Bruttoinlandprodukts. 13 Ressorts der US-Regierung haben den Bericht erarbeitet, der Trumps politischen Klimakurs frontal angreift. Vielleicht kommen die Amerikaner über das Rechnen zur Vernunft: Schon bei einer moderaten Erwärmung von 1,5 Grad Celsius droht den USA jährlich ein Verlust von 280 Milliarden Dollar. Bei zu erwartender Erwärmung von vier Grad wären es schon 500 Milliarden. Der Bericht lässt keinen Zweifel: »Der Klimawandel ist wissenschaftlich nicht mehr strittig« und er sei »menschengemacht«.

Jetzt fordern Politiker beider Parteien, Umweltverbände und Wissenschaftler vom Klima-Ignoranten im Weißen Haus, im Pariser Klimaabkommen zu bleiben und Klimaschutz endlich ernst zu nehmen. Selbst Trumps Lieblingssender Fox News befürchtet: »Amerika droht der Absturz«.

Der frühere US-Vizepräsident, Friedensnobelpreisträger und Klimaaktivist Al Gore sagt zur Klima-Ignoranz von Donald Trump: »Der Präsident mag versuchen, die Wahrheit zu vertuschen, aber seine eigenen Wissenschaftler und Experten zeigen sie so schonungslos und klar wie möglich.«

Steigender Meeresspiegel, Stürme und Überschwemmungen

Der Sommer 2018 war heiß und trocken. In Kalifornien trifft wie in Deutschland in diesem Hitzesommer alles zu, was die Klimaforschung seit Jahrzehnten vorausgesagt hat: Waldbrände nehmen zu, Extremwetter werden häufiger, Stürme und Überschwemmungen bedrohen uns immer öfter. 2018 sahen wir verheerende Buschbrände in Australien, katastrophale Überschwemmungen in ganz Südostasien. Eine Zeitung in Pakistan titelte über einen Vortrag, den ich in Karachi hielt: »Climate change – the ticking bomb« (Klimawandel – die tickende Zeitbombe). Dabei sagen die Klimaforscher, dass die bisherigen »Ereignisse« erst die Vorboten seien, denen noch viele weitere »Paradiese« zum Opfer fallen werden. »In der Feuer-Ökologie gilt die Grundregel: Klima ermöglicht Feuer, Wetter facht es an«, weiß der Ökologe Tim Brown.

Ende 2018 sagen die Klimaforscher auf der Weltklimakonferenz in Polen, dass die Regierungen ihre Anstrengungen für Klimaschutz verdreifachen müssten, wenn sie tatsächlich die Klimaerwärmung auf 1,5 Grad – wie im Pariser Abkommen beschlossen – begrenzen wollen. Jedes Zehntel Grad macht einen Unterschied für Millionen Menschen. Es kann deren Überleben bedeuten oder auch nicht.

Ohne zusätzliche Anstrengungen werden bis zur Jahrhundertwende in Deutschland, in Österreich und in der Schweiz die Hitzetage um das Zehnfache ansteigen und die klimabedingten Hitzetoten um das Fünfzigfache, prognostizieren Studien. Die Sommertemperaturen können bis zum Ende dieses Jahrhunderts in Deutschland auf bis zu 50 Grad ansteigen, prognostiziert der Klimaforscher Professor Mojib Latif.

Das CO_2, das die Alpengletscher und das Grönlandeis zum Abschmelzen bringen wird, haben wir bereits in die Atmosphäre emittiert. Seit dem Jahr 2000 ist der CO_2-Gehalt in der Atmosphäre in Deutschland um 30 Prozent angestiegen, seit 1990 um 40 Prozent. Selbst das US-Militär hat darauf hingewiesen, dass im 21. Jahrhundert die Sicherheit durch den Klimawandel mehr gefährdet sein wird als durch den Terrorismus.

Ein junger Bauer in Bangladesch erzählte mir schon vor 15 Jahren, dass er wegen des Anstiegs des Meeresspiegels sein Haus bereits fünfmal wieder aufbauen musste. Für ihn hat die Sintflut längst begonnen. »Das Meer ist unser Feind geworden. Es zerstört uns, es lässt uns verhungern und verdursten«, sagte er mir in die Fernsehkamera. Der Mann ist heute um die Vierzig.

In Bangladesch, ein Land etwas größer als Bayern, leben heute 168 Millionen Menschen – umgeben vom Meer. Das Land liegt im Schnitt drei Meter über dem Meeresspiegel. Niemand weiß, wie rasch und um wie viel die Ozeane ansteigen werden. Aber sicher ist: Sie werden ansteigen. Bangladesch und seine Bewohner kämpfen ums Überleben. Schon heute lässt sich messen, dass die Grönlandgletscher schmelzen und die Schelfeismassen der Antarktis in Bewegung geraten sind. Heute schmilzt dort das Eis mehr als sechsmal so schnell wie noch vor 40 Jahren.

Den Leugnern des Klimawandels sei es noch einmal gesagt: Es gelten ganz einfach die Gesetze der Physik. Wir verbrennen in wenigen Jahrzehnten, woran die Natur etwa 300 Millionen Jahre gearbeitet hat. Das muss den Planeten aufheizen. Und Wasser dehnt sich beim Erwärmen aus. Das ist Wissenschaft und hat mit Glauben nichts zu tun, Mister Trump. Punkt.

Jede Küste ist von der Gefahr einer Überflutung betroffen: ob Bangladesch, Hongkong, Schanghai, Kalkutta, Manhattan, Alexandria, Rio, Buenos Aires, Venedig, New Orleans, Rotterdam oder Bremerhaven. Ein Viertel der Menschheit lebt in Küstennähe. Reiche Länder oder Städte wie Hamburg können sich hinter Mauern verstecken – in der Hansestadt sorgen bereits Mauern von bis zu neun Meter Höhe für Sicherheit vor den Fluten. Aber viele Menschen in den armen Ländern werden ertrinken, verhungern und verdursten. Im reichen Holland hingegen werden die ersten schwimmenden Häuser verkauft.

Die Verschwörungstheorien der Klimawandel-Ignoranten sind sowohl im Angesicht der wissenschaftlichen Erkenntnisse wie auch der tatsächlichen und überprüfbaren Klimaveränderungen der letzten Jahrzehnte nur noch lächerlich. Sie haben einfach nur Kohle oder Öl und Geld im Kopf, sonst nichts.

Tote durch Klimaerhitzung?

Beim Thema Klimawandel denken die meisten Menschen an die Natur. Doch die steigenden Temperaturen werden auch zum Problem für uns Menschen und für unsere Gesundheit. Im Fachmagazin *The Lancet* warnen die UNO und 27 internationale Forschungsinstitute vor den intensiveren Hitzewellen in der Zukunft. Davon seien 2018 bereits 157 Millionen Menschen mehr betroffen als noch im Jahr 2000.

Als gefährdet gelten vom allem Menschen über 65 Jahre oder Menschen, die an Krankheiten leiden wie Diabetes, Atemwegs- oder Herz-Kreislauf-Beschwerden. Davon seien in Europa und im östlichen Mittelmeerraum weit mehr Menschen betroffen als in Afrika oder Südostasien. Tropische Krankheiten wie Malaria oder Denguefieber werden sich wieder ausbreiten. Die Weltgesundheitsorganisation geht davon aus, dass zwischen 2030 und 2050 jedes Jahr 250.000 Menschen an den Folgen der Klimaerhitzung sterben werden.

Schon heute sterben jedes Jahr weltweit sieben Millionen Menschen durch Luftverschmutzung wegen des Verbrennens von Kohle, Gas, Öl oder Benzin, warnt die Weltgesundheitsorganisation WHO. Klimaschutz rettet Leben und spielt die Kosten wieder ein. Die wahren Kosten des Klimawandels fallen in unseren Krankenhäusern an. Der Club of Rome stellt dazu fest: »Klimawandel ist keine zukünftige Gefahr – er betrifft schon heute Milliarden Menschen rund um den Erdball und jede Volkswirtschaft.«

Der Club schlägt deshalb vor: Stopp der Suche nach neuen Erdöl-, Kohle- und Erdgas-Lagerstätten ab 2020, ein Verbot von Verbrennungsmotoren ab 2030 sowie eine großflächige Aufforstung. Nur so könne eine katastrophale Klimaerhitzung noch verhindert und das 1,5-Grad-Ziel von Paris noch erreicht werden. Sollte der Klimawandel nicht gestoppt werden, müssen wir schon bis 2050 mit rund 140 Millionen Klimaflüchtlingen rechnen.

Wissenschaftler haben errechnet, dass Deutschland noch in diesem Jahrhundert mit Schäden in Höhe von bis zu 800 Milliarden Euro rechnen muss, wenn es uns nicht gelingt, den Klimawandel durch eine Energiewende einzudämmen. In Ostdeutschland haben wir bereits heute um 20 Prozent weniger Niederschläge als im letzten Jahrhundert, was großen Stress für die Landwirtschaft, aber auch für Bäume und Wälder bedeutet. Viele Wälder werden den Klimawandel nicht überleben. Und Wälder sind die wichtigsten und artenreichsten Biotope der Welt. Doch sie werden sterben.

Niemand soll später sagen »Das alles haben wir nicht gewusst.« Klimaszenarien sagen kalifornische »Ereignisse« auf der ganzen Welt voraus, also auch die Zunahme von Waldbränden.

Wenn der Nordpol eisfrei wird

In Europa und Deutschland werden die Waldbrände von Griechenland bis Finnland im Sommer 2018 in der kollektiven Erinnerung bleiben. Wissenschaftler aus der ganzen Welt befürchten eine »Heiß-Zeit«, in der noch in diesem Jahrhundert die globale Temperatur um fünf Grad ansteigen kann, der Meeresspiegel langfristig um bis zu 60 Meter. Die größte Gefahr geht vom Auftauen der Permafrostböden in Sibirien, Westchina, Alaska und Kanada aus. Denn die globale Erhitzung setzt dort riesige Mengen Methangas frei, das etwa 25-mal so klimaschädlich ist wie das bisherige Haupttreibhausgas CO_2.

Schon in den letzten Jahrzehnten hat sich die Arktis doppelt so schnell erwärmt wie die übrige Welt. Ich habe in Grönland Tage erlebt, an denen es dort wärmer war als in Mitteleuropa. Im Sommer 2018 lagen die Temperaturen in der Arktis an vielen Tagen um fünf Grad über dem bisherigen Mittelwert. Polarforscher haben errechnet, dass es noch vor 50 Jahren im Nordpolarmeer doppelt so viel Packeis gab wie 2018. Schon in wenigen Jahren wird das Nordpolarmeer im Sommer total eisfrei sein, befürchten Klimaforscher.

Der renommierte und langjährige Chef des Potsdam-Instituts für Klimafolgenforschung, Professor Hans Joachim Schellnhuber, spricht in seinem aufrüttelnden Buch »Selbstverbrennung« vom »Selbstmordprogramm« der Menschheit. Nach diesem Sommer 2018 stimmen ihm alle unabhängigen Klimaforscher der Welt zu. Ganz wenige Ignoranten, wie Präsident Trump und die deutsche AfD, begreifen die Gefahr noch immer nicht oder wollen sie nicht begreifen. Und der alte Energie-Dinosaurier RWE will noch immer Wälder abholzen, um den Klimakiller Braunkohle fördern zu können.

Die Alt-Parteien haben den Klimawandel verschlafen

Wer Augen hat zu sehen, Ohren zu hören und ein halbwegs funktionierendes Gehirn, kann die Klimaerhitzung nicht mehr verdrängen oder leugnen. Was wir im Sommer 2018 erlebt haben, ist exakt das, was die Klimaforschung seit Jahrzehnten vorhergesagt hat. Doch für viele Deutsche und Mitteleuropäer waren die Klimaprognosen bisher eher Theorie. Sie waren ja selbst noch nicht betroffen. Insofern war auch für uns dieser Sommer ein Weckruf. Vielleicht der letzte. Jetzt plötzlich ist Heiß-Zeit auch bei uns mögliche Realität geworden. Solche Sommer werden Normalität. Schon der Hitzesommer 2003 hat in Westeuropa 60.000 Hitzetote gefordert.

Die Politik hat riesigen Nachholbedarf an entsprechenden Entscheidungen wie dem raschen Kohleausstieg oder dem baldigen Ende des Verbrennungsmotors in Autos. Die Zeit, in der jede und jeder Einzelne, die Wirtschaft und die Politik noch handeln können, geht rasch zu Ende. Zugleich aber ist der grüne Wandel keine Utopie mehr.

Das macht sich in Deutschland im Jahr 2018 auch in Wahlen bemerkbar. Während ich diese Zeilen schreibe, veröffentlicht die Bild-Zeitung ihre jüngste Sonntagsumfrage: CDU/CSU 25 Prozent, Grüne 21 Prozent, SPD 14 Prozent. Bei den Landtagswahlen in Bayern und Hessen haben die Parteien, die sich im Wahlkampf gegenüber dem Klimawandel blind stellten, also die CDU, die CSU und die SPD, jeweils um die zehn Prozent Stimmen verloren, während die Umweltpartei, die Grünen, ihren Stimmenanteil beinahe verdoppeln konnten. Grün ist das neue Rot oder das neue Schwarz.

Grün wird ein humanitärer, christdemokratischer, ökologischer Imperativ.

Dieser Trend wird sich nach diesem Hitzesommer und nach den dramatischen Warnungen des Weltklimarats fortsetzen, wenn die sogenannten Alt-Parteien sich nicht ändern. Was muss eigentlich noch passieren, bis die bisherigen Volksparteien aufwachen? Die Parteien der Großen Koalitionen haben sich beim Überlebensthema Klimawandel in den letzten Jahren sehr klein gemacht. Sie haben ihn schlicht verpennt. Das war einfach dumm und zukunftsblind – und wahltaktisch unverzeihlich.

Im Mittelalter bauten die Menschen Kathedralen, obwohl sie wussten, dass sie deren Richtfest nicht erleben werden. Sie planten für die Ewigkeit. Heute wissen wir, dass sich unser Planet noch vier bis sechs Milliarden Jahre um die Sonne drehen wird, bevor ihn ein schwarzes Loch verschluckt. Aber wir planen nicht einmal über die nächste Legislaturperiode hinaus oder auch nicht über die nächste Jahresbilanz eines Konzerns. Wir sind gegenwartsversessen und zukunftsvergessen geworden. Das ist unser Hauptproblem.

Sind wir noch zu retten?

Am Anfang dieses Buches hatte ich die Frage gestellt, ob Menschen sich ändern können. Natürlich können sie das. Aber ob sich auch die Menschheit als Ganzes ändern kann und sich auf ein völlig anderes Wirtschaftssystem umstellen lässt? In den Achtzigern des letzten Jahrhunderts hatte die Menschheit Angst vor dem immer größer werdenden Ozonloch. Millionen

Menschen befiel die berechtigte Furcht vor Hautkrebs. In Australien hat die Regierung Eltern empfohlen, ihre Kinder nicht länger als acht Minuten am Tag ins Freie zu lassen. Die Staatengemeinschaft beschloss 1987 im Montreal-Protokoll ein weltweites Verbot von FCKWs in Kühlschränken und Spraydosen – dieses Verbot war bisher der effektivste Umweltvertrag aller Zeiten.

2018 erreichte uns die Erfolgsmeldung, dass sich das Ozonloch wieder schließt. Die lebenswichtige Schutzschicht des Planeten ist auf dem Weg der Besserung. Es geht also. Die UN-Agentur für Meteorologie und Umwelt meldete im November 2018: »Beim jetzigen Trend sollte das Ozon in der nördlichen Halbkugel und in den mittleren Breiten in den 2030er Jahren komplett wieder hergestellt sein.« Auf der Südhalbkugel sollte das in den 2050ern und an den Polargebieten in den 2060ern der Fall sein. Es waren engagierte Wissenschaftler, Millionen Bürger und verantwortungsvolle Politiker, die diesen Erfolg zustande brachten. Ganz einfach: Alle machten ihren Job! Dann ist globale Umweltpolitik möglich und langfristig auch erfolgreich.

Freilich ist ein weltweites Verbrennungsverbot von Kohle, Gas und Öl ungleich schwieriger durchzusetzen als ein Verbot einiger chemischer Mittel. Die Zahl der Ozonkiller-Produzenten war begrenzt. Dennoch können wir auch an diesem Beispiel lernen, dass die Voraussetzung für den Erfolg der Druck von Millionen Menschen auf ihre Politiker war. Erst recht gilt bei der Klimaerhitzung, dass Politiker dafür gewählt worden sind, um Schaden von ihren Wählern abzuhalten. Wir leben in einer Demokratie und nicht in einer Autokratie.

Die Widerstände gegen das Verbot von FCKWs waren 1987 ähnlich wie heute gegen die Klimaerhitzung: Arbeitsplätze seien gefährdet, die Wirtschaft würde nicht mehr wachsen und das Ganze sei viel zu teuer. Wir wissen inzwischen, dass keine der Befürchtungen eintraf. Diese Erfahrung ist eine große Ermutigung im Kampf gegen den Klimawandel.

Zur Zeit Jesu, also vor 2.000 Jahren, lebten etwa 250 Millionen Menschen. Als meine Eltern geboren wurden, waren wir etwa 1,2 Milliarden Menschen. Als ich 1938 geboren wurde, waren wir schon zwei Milliarden. Als unsere Töchter geboren wurden, waren wir um die vier Milliarden. Heute sind wir 7,7 Milliarden, und die jüngeren Leserinnen und Leser dieses Buches werden mit etwa zehn Milliarden menschlichen Mitbewohnern leben. Zehn Milliarden Menschen und alle streben unseren westlichen Lebensstil an – mit entsprechendem Energie- und Ressourcenverbrauch. Geht das? Oder ist diese Zivilisation zum Untergang und die Menschheit zum Aussterben verurteilt?

Klar ist, dass zehn Milliarden Menschen auf diesem begrenzten Planeten nur überleben können, wenn sie nachhaltig wirtschaften, arbeiten und leben lernen. Was wir heute weltweit treiben, ist nicht zukunftsfähig. Jeden Tag rotten wir 150 Tier- und Pflanzenarten aus, jeden Tag verlieren wir 80.000 Tonnen fruchtbaren Boden durch Erosion, jeden Tag breiten sich die Wüsten um 50.000 Hektar aus und jeden Tag emittieren wir 150 Millionen Tonnen Treibhausgase in die Atmosphäre. Das hält der Planet auf Dauer nicht aus.

Wie könnte nun ein Fahrplan für eine zukunftsfähige, nachhaltige und bessere Welt aussehen?

Schon im Jahr 2000 hat die UNO die Millenniumsziele formuliert. Bis 2015 sollten

– Armut und Hunger halbiert werden,
– alle Kinder in die Schule gehen,
– die Rolle der Frauen und Mädchen gestärkt werden, mehr Gleichberechtigung,
– die Kindersterblichkeit drastisch gesenkt werden,
– Aids und Malaria bekämpft sowie
– das Gesundheitswesen für Mütter verbessert,
– Fortschritte bei der ökologischen Nachhaltigkeit
  erreicht und
– Ungerechtigkeit zwischen Arm und Reich verringert werden.
– Schon die Existenz dieser wichtigen Ziele war ein
  großer Fortschritt. Sie wurden nicht alle erreicht.

Aber

– Im Jahr 2000 lebten noch 1,9 Milliarden Menschen
  in extremer Armut (von weniger als 1,25 Dollar
  pro Tag), 2015 war es noch etwa die Hälfte.
– 2005 haben die reichen Industrieländer beschlossen, den ärmsten Ländern die Gesamtschulden
  um ca. 50 Milliarden Dollar zu erlassen.
– Immerhin gingen 2015 über 90 Prozent aller Kinder dieser Welt in eine Grundschule. 15 Jahre
  zuvor waren es nur etwa zwei Drittel.
– Der Frauenanteil in Parlamenten, Regierungen
  und in den Spitzenpositionen der Wirtschaft ist
  bis heute zu gering, aber er verdoppelte sich etwa
  seit dem Jahr 2000. In Südasien kamen 1990 auf
  vier Jungen drei Mädchen in den Schulen, 2015
  haben die Mädchen aufgeholt.
– Die Kindersterblichkeit hat sich in den 15 Jahren
  mehr als halbiert.

- Die Zahl der HIV-Neuinfektionen sank in dieser
  Zeit um 40 Prozent, die der Malariafälle um
  37 Prozent. Das bedeutet die Rettung von über
  sechs Millionen Menschenleben.

Wie schon gesagt: Alle Probleme, die Menschen geschaffen haben, können auch von Menschen gelöst
werden. Diese Einstellung ist gar nicht besonders opti-
mistisch, sie ist einfach realistisch und entspricht meiner Lebenserfahrung.

Der Friedensnobelpreisträger Muhammad Yunus ist
überzeugt, dass Armut und Hunger bis zum Jahr 2030
vollständig überwunden werden können. Nach den
relativ positiven Erfahrungen mit den Millenniumszie-
len halte ich auch diese Einstellung für realistisch und
die neuen Millenniumsziele bis zum Jahr 2030, die Ziele für Nachhaltige Entwicklung (ZNE), für realisierbar.
Immerhin konnte eines der einst ärmsten Länder der
Welt, Bangladesch, seine Armutsrate zwischen 2000
und 2013 halbieren. Die wichtigsten der insgesamt 17
neuen Nachhaltigkeitsziele, die bis 2030 erreicht werden sollen:
- Armut und Hunger komplett beenden
- verbesserte Ernährung durch mehr ökologische
  Landwirtschaft
- bis 2030 weltweit 50 Prozent weniger Lebensmittel wegwerfen
- lebenslanges Lernen für alle
- Geschlechtergerechtigkeit durch Empowerment
  für alle Mädchen und Frauen
- bezahlbare, erneuerbare Energie für alle und
  nachhaltiges Wirtschaftswachstum
- Einkommensunterschiede verringern

- Klimawandel eindämmen
- Ozeane und Meeresressourcen schützen und nachhaltig nutzen
- Wälder ökologisch bewirtschaften, Ökosysteme schützen, Verwüstung stoppen, Biodiversität erhalten

Das Wort »nachhaltig« ist das wichtigste Wort dieser neuen UNO-Ziele. Unser Leben und unser Überleben hängen von einem gesunden Ökosystem ab.

Das heißt von einem Wirtschaftssystem, das nicht mehr allein auf schnellen und kurzsichtigen Gewinn und auf wirtschaftliches Wachstum ausgerichtet ist, sondern ebenso auf Gemeinnutz und auf Dauer. Wir müssen endlich lernen, die Hoffnungen und Bedürfnisse künftiger Generationen, die Bedürfnisse der Armen und die Bedürfnisse aller Tiere und Pflanzenarten mit zu bedenken. Dazu ermahnen uns seit geraumer Zeit Hunderttausende Schülerinnen und Schüler, die weltweit freitags gegen den Klimawandel demonstrieren.

Albert Schweitzer nannte übrigens diese Art zu leben und zu wirtschaften »Ehrfurcht vor allem Leben« haben. Allzu lange galt vielen der Grundsatz »der Mensch im Mittelpunkt« als fortschrittlich. Doch genau dieser Grundsatz unseres anthropozentrischen Denkens und Handelns ist heute die Ursache vieler Probleme.

Es gilt künftig, *das Leben* in den Mittelpunkt zu stellen. Von diesem elementaren Lernprozess hängt alles ab. Und das zutiefst missverständliche und missverstandene Wort der Bibel »macht euch die Erde untertan« müssen wir so übersetzen und verstehen: »macht euch der Erde untertan«. Davon hängt nicht mehr und nicht weniger als unsere Zukunft ab. Wir müssen lernen, natürlich zu wirtschaften, organisch zu managen und bewusst zu verbrauchen.

Immerhin haben die größten Konzerne der Welt, fast alle Regierungen, einflussreiche Persönlichkeiten, gewinnorientierte Unternehmen ebenso wie soziale Unternehmen und Genossenschaften sowie die großen Geldinstitute der Welt ihre Unterstützung beim Erreichen der Ziele für nachhaltige Entwicklung zugesagt.

Bei meinen Vorträgen auf allen Kontinenten, bei Gesprächen mit Vertretern von Umweltverbänden und Konzernen, aber auch mit Regierungsvertretern und Kirchen spüre ich Zuversicht, Engagement und Hoffnung, dass wir diese Ziele erreichen können. Diese Arbeit macht viel Sinn, aber auch Freude und inspiriert mich zu viel Lust auf Zukunft. Die technischen Voraussetzungen dafür haben wir. Ein Bruchteil des Geldes, das wir heute noch für Rüstung, Militär und gegenseitige Bedrohung ausgeben, reicht aus, um diese Ziele für eine bessere Welt zu erreichen. Als Bürger dieser einen Welt müssen wir alles tun, daran mitzuwirken. Wir alle sind Teil des Problems, also sollten wir auch versuchen, Teile der Lösung zu werden.

Die Weltgemeinschaft hat auch beim Pariser Klimaabkommen 2015 bewiesen, dass sie fähig ist, sich als Welt-Familie zu verstehen. Jetzt aber sollten wir auch danach handeln. Muhammad Yunus und viele seiner sozialen Unternehmen auf der ganzen Welt beweisen: Wir können Armut überwinden, den Hunger beseitigen, neue zukunftsfähige Arbeitsplätze schaffen und nachhaltig wirtschaften.

Ein Beispiel: Mehr als ein Drittel aller Lebensmittel, die wir heute erzeugen, wird weggeworfen, obwohl noch immer Millionen Menschen hungern und verhungern. Dieser Skandal schreit geradezu nach kreativen Unternehmern. In Frankreich können die Bauern 20 Prozent der Kartoffelernte nicht vermarkten, weil diese Kartoffeln nicht die richtige Form für die Produktion von Pommes frites haben. Sie passen nicht in die Maschinen der Verarbeitungsbetriebe. Zusätzlich bleiben sechs Prozent der Kartoffeln in der Erde, weil sie die Erntemaschinen nicht greifen. Eine unglaubliche Verschwendung von gesunden und nahrhaften Lebensmitteln. Eine geradezu perverse Situation, wenn man bedenkt, dass auf diese Weise global etwa 1,3 Milliarden Tonnen Lebensmittel vernichtet werden – jedes Jahr.

Die französische Firma McCain schuf deshalb das Unternehmen *Bon et Bien*, um zur Lösung dieses Problems einen Beitrag zu leisten. Das Problem gibt es ja nicht nur bei Kartoffeln. Aus »hässlichem« Gemüse werden jetzt wertvolle Lebensmittel. Und das geht so: *Bon et Bien* arbeitet mit einigen tausend Bauern zusammen. Möhren, Zwiebeln, Kartoffeln und Chicorée werden zu Suppen verarbeitet. Bisher Langzeitarbeitslose werden beschäftigt und der Gewinn wird in weitere soziale und ökologische Projekte gesteckt. Unternehmer in Belgien, Griechenland und Marokko wollen das französische Erfolgsmodell nachmachen. Solche nachhaltigen Unternehmen können auf der ganzen Welt gegründet werden.

Yunus ist überzeugt davon, dass uns seine Social-Business-Modelle die Welt mit neuen Augen sehen lassen, wir können Dinge wahrnehmen, die uns bisher verschlossen waren. Es ist möglich, mit diesen neuen Ideen die nächsten Millenniums- und Nachhaltigkeitsziele zu erreichen. Mit dem bisherigen kapitalistischen

Wirtschaftssystem, das alle unsere heutigen Probleme geschaffen hat, werden wir sie nicht lösen können. Deshalb brauchen wir einen menschlicheren Kapitalismus. Social Business kann dabei ein neues und hilfreiches Werkzeug sein. Die UN-Nachhaltigkeitsziele lassen sich in drei Hauptziele zusammenfassen: Überwindung der Armut, Beseitigung der Arbeitslosigkeit und nachhaltiges Wirtschaften anstatt des heutigen Raubtier-Kapitalismus. Es ist einfach pervers, wenn 2018 wenige Milliardäre über mehr Reichtum verfügen als die ärmere Hälfte der Menschheit. Nach Berechnungen der Entwicklungsorganisation Oxfam besitzen im Jahr 2017 acht Multimilliardäre mehr Vermögen als die 3,8 Milliarden der Ärmeren. Acht zu 3,8 Milliarden. Das kann und darf nicht die Zukunft sein.

Den alten Energieträgern geht die Puste aus

Unter dem Druck der fossilen Energiewirtschaft hat die Internationale Energie-Agentur (IEA) in Paris über Jahrzehnte die Öl-, Gas- und Kohlevorkommen überschätzt und die Möglichkeiten der erneuerbaren Energien unterschätzt. Diese Fehleinschätzung beginnt sich nun zu rächen.

In ihrem neuen World Energy Outlook warnt die IEA vor einer dramatischen Unterversorgung mit globalen Erdölreserven. Diese wird nun schon in wenigen Jahren befürchtet. Bereits Mitte des nächsten Jahrzehnts. Lange Zeit hatten die Weltwirtschaft sowie die Regierungen der meisten Industriestaaten den Zahlen aus Paris vertraut. Sie werden nun brutal verunsichert.

Bisher hatte die IEA stets behauptet, die erneuerbaren Energien seien zu teuer und zu unstet für eine weitgehende Versorgung damit. Ein intelligenter Energiemix ausschließlich aus Erneuerbaren war der IEA nahezu unvorstellbar.

Doch nun der Schock im neuen Bericht: Bis 2025 werde die Erdölförderung etwa halbiert. Seit Jahren gibt es kaum noch Neufunde von Ölquellen. Hinzu kommt, dass durch die weltweite Divestment-Bewegung in den letzten Jahren bereits sechs Billionen Dollar (6.000 Milliarden) Anlagevermögen aus der fossil-atomaren Energiewirtschaft zurückgezogen worden sind. »Das ist ein »Schreckensszenario« für die Weltwirtschaft«, kommentiert der Grünen-Politiker Hans Josef Fell diese Entwicklung und den neuen IEA-Bericht.

Die deutsche Energiewirtschaft und vor allem die deutsche Bundesregierung haben sich von der IEA besonders täuschen lassen und den Ausbau der erneuerbaren Energien seit etwa sieben Jahren verzögert und bewusst verlangsamt.

Die hundertprozentige Energiewende ist möglich

Ganz Europa kann vor 2050 erneuerbar sein. Auf der Weltklimakonferenz in Kattowitz stellten Ende 2018 Hans Josef Fell, Präsident der Energy Watch Group, und die finnische University of LUT eine Studie zur Machbarkeit der europäischen Energiewende vor. Darin wird eine vollständige Energiewende in den Bereichen Strom, Wärme und Verkehr simuliert. Das Ergebnis: In allen Sektoren ist die Energiewende vor 2050 möglich und sie ist nicht teurer als das heutige Energiesystem, schützt allerdings das Klima. Schlüsselerkenntnisse dieser umfassenden Studie:

- Die komplette Umstellung auf erneuerbare Energien erfordert eine Massenelektrifizierung in allen Energiesektoren. Die gesamte Stromerzeugung wird dann etwa das Vier- bis Fünffache gegenüber 2015 betragen. Der Stromverbrauch wird im Jahr 2050 mehr als 85 Prozent des Primärenergieverbrauchs betragen. Zur gleichen Zeit wird der Verbrauch an fossil-atomarer Energie auf null reduziert.
- Der Mix der Stromerzeugung im 100 Prozent Erneuerbaren-Energien-System wird etwa so aussehen: 62 Prozent Solarenergie, 32 Prozent Windkraft, vier Prozent Wasserkraft, zwei Prozent Bioenergie und weniger als ein Prozent Geothermie.
- Etwa 85 Prozent der erneuerbaren Energien werden aus dezentraler lokaler und regionaler Erzeugung stammen – Bürgerenergie!
- Die Energiekosten für ein komplett erneuerbares Energiesystem bleiben stabil.
- Die jährlichen Treibhausgas-Emissionen in Europa sinken durch die Umstellung auf allen Sektoren auf null.
- Das 100 Prozent erneuerbare Stromsystem wird rund 3,5 Millionen Menschen beschäftigen. Die heute rund 800.000 Jobs im europäischen Steinkohlebergbau werden bis 2050 komplett eingestellt.
- Die im Pariser Klimaabkommen vorgesehenen Ziele, die Erderwärmung nicht mehr als 1,5 Grad ansteigen zu lassen, werden erreicht. Alle dazu

notwendigen Technologien sind bereits heute verfügbar. Wichtig ist, dass alle Subventionen für fossile Energieträger rasch eingestellt werden.
– Eine Wende ist auch vor 2050 möglich.

Ein häufig vorgebrachtes Totschlagargument gegen die erneuerbaren Energien heißt: Trotz 40 Prozent Ökostrom sind die Treibhausgase in Deutschland in den letzten Jahren nicht gefallen, sondern leicht gestiegen. Warum also der ganze Aufwand von jährlich über 20 Milliarden Euro für Ökostrom?

Der mangelnde Erfolg der bisherigen Klimapolitik ist primär das Ergebnis verfehlter Verkehrspolitik. Ohne 40 Prozent Ökostrom wäre die Klimabilanz noch viel verheerender. Seit dem Jahr 2000, dem Inkrafttreten des Erneuerbaren-Energien-Gesetzes, gingen die CO_2-Emissionen pro Kilowattstunde Strom um 30 Prozent zurück. Und das bei gleichzeitiger Abschaltung von neun Atomkraftwerken.

Die Stromwende ist längst auf der Überholspur. Der im Straßenverkehr verursachte CO_2-Ausstoß hingegen ist seit den 1990er Jahren praktisch unverändert, weil es immer mehr und immer größere Autos gibt.

Es ist einfach perfide, den fehlenden Klimaschutz in Deutschland den erneuerbaren Energien anzurechnen. Hauptursache ist, dass wir Deutschen immer mehr Autos fahren und immer mehr und weiter fliegen. Der CO_2-Austoß von LKWs stieg in den letzten 20 Jahren sogar um 20 Prozent. Der Flugverkehr hat in dieser Zeit seine Emissionen verdoppelt.

Dass es auch anders und besser geht, beweisen Staaten, Bundesländer oder Inseln weltweit: Costa Rica und Island sind bereits heute zu 100 Prozent erneuerbar.

Auf dem Weg zu 100 Prozent erneuerbarem Strom sind auch die Bundesländer Kalifornien, Rheinland-Pfalz oder Südaustralien sowie Inseln wie Cook Island oder Hiero. Sie alle zeigen, dass 100 Prozent erneuerbare Energie nicht nur möglich, sondern auch preiswerter ist als die alte Energieversorgung.

Die fehlende Verkehrswende ist neben der verpassten Bauwende die eigentliche Ursache für die schlechte deutsche Klimabilanz.

4 Die Verkehrswende ist möglich

Vor mehr als 100 Jahren haben Autos die alten Pferde-kutschen verdrängt. Das ging ganz schnell. Die Auto-bauer haben damals nicht darauf gewartet, bis die Bauern, Droschkenfahrer und Pferdebesitzer ausge-storben waren. Im Zeitalter der Digitalisierung und Vernetzung vollzieht sich der technische Wandel noch weit schneller.

Doch Deutschland steckt in der Mobilitäts-Stein-zeit – und zwar richtig fest. Kein technisches, aber ein riesiges mentales Problem. Dieter Zetsche, Vorstands-chef der Daimler AG, hat schon mehrfach gesagt: »In den nächsten zehn Jahren wird sich das Auto mehr ver-ändern als in den letzten hundert Jahren.«

Doch auch bei Mercedes hat sich noch nicht viel für die Zukunft des Elektroautos getan. Politik und Industrie werden nicht müde, Mythen und Märchen, Falschinformationen und Fake News über das E-Auto zu verbreiten und eventuelle Käufer abzuschrecken: zu teuer, zu wenig Ladestationen, zu wenig Reichwei-te. Die vielen Menschen, die mich zu meinen Vorträ-gen mit E-Autos abholen und solche schon viele Jahre fahren, berichten exakt das Gegenteil. Ihr übereinstimmendes Urteil: »Nie wieder einen Benziner oder einen Diesel.«

Ab März 2019 sind in Deutschland alle 53 IKEA-Einrichtungshäuser mit Elektro-Ladestationen ausgestattet, an denen jeder Kunde und jede Kundin kostenlos ihre Autobatterie mit 100 Prozent Ökostrom aufladen können. IKEA ist damit ein Vorreiter der umweltfreundlichen, kostenlosen E-Mobilität von morgen. In kurzer Zeit werden alle Kaufhäuser und auch die öffentlichen Einrichtungen diesem Beispiel folgen und diesen Kundendienst ebenfalls wie selbstverständlich kostenlos anbieten. Die Bedenkenträger von heute werden sich wundern, wie rasch sich schon morgen die E-Mobilität durch solche Angebote durchsetzen wird. So verbinden sich wieder einmal Ökologie und Ökonomie – und die Ökonomie wird die intelligentere Ökonomie.

Natürlich ist heute ein E-Auto noch teurer als ein Verbrenner. Aber für die Besitzer rechnet es sich langfristig, weil sie so gut wie keine Spritkosten mehr haben. Solarstrom ist spottbillig, wenn er überhaupt etwas kostet. Jeder Tesla-Fahrer kann in Europa kostenlos Solarstrom tanken. Neulich hat sich nach einem Vortrag von mir in Rostock ein Besucher als aus Wien kommend geoutet. Ich sagte, diese Fahrt müsse aber teuer gewesen sein, das sind doch 1.800 Kilometer hin und zurück. »Ja«, sagte der Tesla-Fahrer, aber ich habe null Stromkosten. Ich tanke nur dort, wo der Solarstrom nichts kostet. Ich wollte doch Ihren Vortrag hören.«

Hinzu kommt: kein Ölwechsel, fast wartungsfrei, kein Keilriemen, kein Auspuff. Es ist einfach absurd, 1,5 Tonnen Blech fortbewegen zu müssen, um 75 Kilogramm Mensch zu befördern, dafür acht Liter Benzin zu verbrauchen und die Luft zu verpesten. Spätere Generationen werden unser heutiges Auto wohl als die größte Fehlkonstruktion der Geschichte beschreiben.

Die deutschen Autobauer bauen noch 2019 die schlechtesten und teuersten E-Autos der Welt und hinken der chinesischen, koreanischen, kalifornischen, japanischen und französischen Konkurrenz hinterher. Was die deutsche Autoindustrie bis jetzt an E-Autos liefert, ist schlicht peinlich.

Die Oberbürgermeisterin von Bruchsal hatte mich zu einem Vortrag eingeladen, um die Einweihung von 48 E-Autos für ihre Stadt zu feiern. Da standen 48 Elektroautos vor dem wunderschönen Bruchsaler Barockschloss. Ich habe die Fotografen wegen ihrer schönen Bilder beneidet. Als ich aber näherkam, sah ich, dass es 48 französische E-Autos waren. Ich fragte die Oberbürgermeisterin, warum sie keine deutschen Elektroautos gekauft habe. Ihre Antwort: »Weil kein deutscher Autohersteller in der Lage ist, mir 48 E-Autos zu verkaufen.«

In der chinesischen 13-Millionen-Stadt Shenzhen fahren 16.500 öffentliche Omnibusse, alle elektrisch. Ein deutscher Stadtwerksdirektor erzählte mir, er wollte fünf E-Busse bei deutschen Autobauern kaufen, keiner sei in der Lage, diese zu liefern.

Audi propagiert »Vorsprung durch Technik«. Der Audi-Chef saß 2018 viele Monate im Gefängnis wegen Manipulationen an den Dieselabgaswerten. Vorsprung durch Technik? Welch eine Lachnummer! Per Gerichtsurteil hatte die Deutsche Umwelthilfe die Dieselfahrverbote in mehreren Städten durchgesetzt. Daraufhin hat der letzte CDU-Parteitag gefordert, den »Ökofreaks« die Gemeinnützigkeit abzuerkennen. Liebe CDU, der ich 28 Jahre lang angehörte: Das ist doch halbherzig. Wäre es nicht wesentlich effektiver, gleich die deutschen Gerichte zu verbieten?

Im Ernst: Die Groko in Berlin erwies sich während des Dieselskandals eindeutig als Erfüllungsgehilfe der deutschen Autoindustrie, obwohl absehbar ist, dass das Zeitalter des Verbrennungsmotors zu Ende geht. Und dennoch fahren in Deutschland heute etwa nur 170 Busse elektrisch, aber noch 35.000 mit Diesel.

Ist Autofahren heilbar?

Immer größere und immer mehr Autos schaffen immer größere Probleme: mehr Staus, genervte Fahrer, schlechte Luft, Klimaerhitzung, immer mehr SUVs. Die ganze Misere der Mobilität lässt sich auf diesen Nenner bringen: zu viele Autos, zu viele Flugzeuge, zu wenig Bahnen. Die Deutsche Bahn hat seit 2005 über 5.400 Kilometer Strecken stillgelegt. Deshalb treibt die DB jeden Tag Millionen Kunden in die Verzweiflung. Dieser Bahn-Sinn ist der reine Wahnsinn. Die Verkehrswende steckt im Stau. Die eigentlichen Ursachen für das wachsende Chaos – so sagen Verkehrspsychologen – sind Angst vor Veränderung und Angst vor gesellschaftlichen Umbrüchen. Um sich und seine Familie zu schützen, muss ein immer größeres Auto her. Eltern bringen ihre Kinder mit dem Auto in die Schule aus Angst, dass andere Eltern, die ihre Kinder ebenfalls mit dem Auto zur Schule bringen, sie überfahren. Gibt es im Auto-Land Deutschland überhaupt noch Verkehrspolitik?

Deutschland hat seit Jahrzehnten keinen ordnenden Verkehrsminister mehr, sondern nur noch Autominister. Die Alternativen werden sträflich vernachlässigt. 2018 standen Autofahrer durchschnittlich 51 Stunden im Stau, in Berlin waren es sogar 154 Stunden. Das heißt: Berliner standen länger im Stau, als sie Zeit hatten für Sex. Wo bleibt die Lebensqualität? Die Autostaus werden immer häufiger und länger. Im Durchschnitt gibt es hierzulande 2.000 Staus – pro Tag! Viele Großstädter fragen sich: Soll ich mir das noch antun? So viel verlorene Zeit?

Wie könnte die Alternative aussehen? Erst wenn wir uns das mal vorstellen, können wir uns auch umstellen. Also, wie wäre es mit grünen Städten, mit sauberer Luft und mit mehr Platz für Fußgänger und Radfahrer? Mit schnelleren Wegen und mit weniger Autos? Mit Carsharing-Autos, die auch fahren und nicht wie unsere privaten Autos zu 93 Prozent nutzlos herumstehen? Und mit mehr und attraktiverem öffentlichem Verkehr? Mit Sammeltaxen, die uns auf Bestellung zum Preis der Straßenbahn von der Haustür zum nächsten Bahnhof bringen? Mit mehr E-Bikes? Mit mehr E-Autos? Und vor allem mit einer Kombination von allem, die ich per Smartphone steuern kann, für die ich kein eigenes Auto mehr brauche und dabei viel Geld spare?

Die Idee der Carsharing-Autos, also des Autoteilens, wurde bereits vor 40 Jahren geboren. Sie entwickelt sich jetzt rasant: 2006 nutzten in Deutschland 116.000 Autofahrer Carsharing, 2012 waren es 262.000, 2015 über eine Million und 2018 bereits 2,11 Millionen. Das Umweltbundesamt geht davon aus, dass ein Carsharing-Auto mehr als drei private Fahrzeuge ersetzt.

Es wird hauptsächlich von jungen Männern mit hohem Einkommen und mit Vollzeitjob benutzt. Für sie ist ein eigenes Auto kein Prestigeobjekt mehr.

Der Autoschlüssel von morgen ist mein Smartphone. Eine App berechnet den schnellsten und preiswertesten Weg für das infrage kommende Verkehrsmittel. Die Digitalisierung macht diese Zukunftsmusik teilweise schon heute möglich. 2030 wird dies alles selbstverständlich sein. Deutschland kann seine Mobilität sicherer, bequemer, schneller und preiswerter organisieren.

Entscheidend ist, dass die Politik von der Fixierung auf das Auto ablässt und endlich Verkehrspolitik zum Wohle aller macht. Es gibt auch ein Leben ohne Auto und ganz bestimmt ohne Benzinauto oder Diesel. Autofahren ist heilbar.

Viele Autofreunde meinen ja, uns Deutschen sei die Liebe zum Auto in der DNA verankert. Ich denke eher, dass sie uns eingeimpft wurde. Erst von den Nazis als »Volkswagen« und danach nach dem Motto der »autogerechten Stadt« oder dem ADAC-Schlachtruf »Freie Fahrt für freie Bürger«. Was uns eingeimpft wurde, können wir auch wieder loswerden. Wie werden Straßen wieder zu Straßen für Menschen? Straßen für Fußgänger, für Radfahrer, für Kinder, für Familien, für Alte und Behinderte? Für mehr öffentlichen Verkehr?

Stattdessen gäbe es zu vielen Autofahrten Alternativen: Jede fünfte Autofahrt in Deutschland ist kürzer als zwei Kilometer und jede zehnte sogar kürzer als ein Kilometer. Knapp die Hälfte aller Autofahrten ist kürzer als fünf Kilometer. Zur Erinnerung: Für einen Kilometer zu Fuß braucht man etwa 15 Minuten, mit dem Fahrrad vier Minuten.

CO$_2$-Steuern können den Wandel beschleunigen. Die Briten und die Schweden habe es uns vorgemacht – dort existieren CO$_2$-Steuern. Sie steuern mit dieser Steuer. Die bisherige deutsche Autopolitik steuert jedoch auf einen Kollaps zu. Wer aber den Wandel will, wer weniger Verkehrsunfälle und weniger Verkehrstote will, muss entsprechende Angebote machen. Hoffnungsvoll ist, dass die jungen Menschen von heute weit weniger aufs Auto fixiert sind, als es meine Nachkriegs-Generation noch war.

Eine CO$_2$-Abgabe hat drei Vorteile. Erstens: Sie reduziert den Verbrauch von Kohle, Gas und Öl. Zweitens: Sonne und Wärme schaffen den Durchbruch. Und drittens: Regierungen haben Einnahmen, die sie als Kopfpauschale an sozial Schwache zurückgeben können, wie das in der Schweiz erfolgreich und von der Bevölkerung akzeptiert und praktiziert wird.

Die Diskussion um Dieselfahrverbote oder kostenlose Straßenbahnen sowie um einen massiven Ausbau von Rad- und Fußgängerwegen sind ein Vorgeschmack auf die neue Verkehrspolitik von morgen, die diesen Namen auch verdient. Hinzu kommt, dass die Verkaufszahlen der leisen E-Autos in den nächsten Jahren rasant steigen werden. Das eigene teure Auto wird bald nicht mehr unverzichtbar erscheinen. Dafür gibt es bereits Vorbilder wie Luxemburg oder Madrid.

Kostenloser öffentlicher Verkehr in Luxemburg

Weniger Staus, weniger Autoabgase, bessere Luft – Luxemburg will als erstes Land der Welt den gesamten öffentlichen Nahverkehr kostenlos machen. Denn das kleine Land hat ein großes Problem: ein immenses Stauaufkommen. Jeder Autofahrer steht im Schnitt 33 Stunden im Stau. Luxemburg City, die Hauptstadt des Kleinstaats, hat eine der höchsten Verkehrsdichten der Welt. Zwar leben in der Hauptstadt nur etwa 110.000 Menschen, täglich kommen aber 400.000 Pendler zum Arbeiten in die Stadt. Die Straßen sind verstopft.

Daher will die Luxemburger Regierung ab 2020 die Gebühren für Züge, Trambahnen und Busse komplett abschaffen. Damit kommt Premierminister Xavier Bettel seinem Wahlkampfversprechen nach. Er hatte mehr Umweltschutz und saubere Luft in seinem Land angekündigt.

Insgesamt hat Luxemburg etwa 600.000 Einwohner. Dazu kommen täglich 200.000 Pendler aus den Nachbarländern über die Grenze: Deutschland, Belgien und Frankreich. Das ist ein Drittel der eigenen Bevölkerungsanzahl!

Luxemburg versucht, dem hohen Verkehrsaufkommen deshalb schon seit längerem entgegenzuwirken: Bereits im Sommer beschloss die Regierung kostenlosen Nahverkehr für Kinder und junge Erwachsene unter 20 Jahren. Schüler weiterführender Schulen können die öffentlichen Nahverkehrsmittel zwischen ihrem Zuhause und der Bildungseinrichtung kostenlos nutzen. Alle anderen zahlen zwei Euro für zwei Stunden Reisen. Das deckt in Luxemburg fast alle Wege ab: Das Land ist gerade mal knapp 2.600 Quadratkilometer groß ist, ein klein wenig größer also nur als das Saarland.

Auch in Deutschland gab es Anfang 2018 die Idee, den Nahverkehr kostenlos zu machen, um der Luftverschmutzung entgegenzuwirken: Immer wieder werden

Grenzwerte von Schadstoffen in der Luft überschritten – vor allem in den Großstädten.

Die Stadt Augsburg ist schon einen Schritt weiter: Ab Mitte 2019 oder spätestens 2020 sollen alle öffentlichen Verkehrsmittel in der Innenstadt kostenfrei sein.

Übrigens: Warum kostet eine Jahreskarte für den öffentlichen Verkehr in Wien 365 Euro und im viel kleineren Frankfurt/Main 891 Euro? In Wien ist in den letzten Jahren der Autoverkehr stark geschrumpft, es gibt kein kostenloses Parken mehr und fast überall gilt Tempo 30. Tempo 30 bedeutet weit mehr Sicherheit, weniger Unfälle, Verletzte und Tote und oft auch schnelleres Vorwärtskommen der Autos, weil der Verkehr gleichmäßig fließt.

Ich lebe seit zehn Jahren ohne Auto, bin aber das ganze Jahr sehr mobil – bei 120 Vorträgen im Jahr und vielen Fernsehsendungen. Von Baden-Baden aus, einer Stadt mit 51.000 Einwohnern, kein Problem, denn ich habe jeden Tag 32 ICE-Anschlüsse. Wenn ich für mehr öffentlichen Verkehr plädiere, wird mir oft vorgehalten: »Sie haben gut reden, Sie sind ja bahnprivilegiert.« Das weiß ich. Aber man muss ja auch kein Walfisch sein, wenn man gegen Walfang ist.

Madrid macht's vor

Kann Autofahren wirklich eingeschränkt werden? In Deutschland scheint dies trotz entsprechender Gerichtsurteile nahezu unmöglich. Doch Spaniens Hauptstadt Madrid macht vor, dass es geht und wie es geht.

Bis vor kurzem rollten täglich 50.000 Autos über die Gran Via, die wichtigste Verbindung zwischen Ost- und

West-Madrid. Doch jetzt wurden die Bürgersteige erweitert, junge Bäume gepflanzt und auf der verbleibenden Autospur Tempo 30 eingeführt. Die für die Umwelt und den Verkehr zuständige Bürgermeisterin Ines Sabanes sagte der Tagesschau: »Die Gesundheit der Madrider ist uns mehr wert als das Recht, jeden Tag mit dem Auto in die Stadt zu fahren.« Die Stadt soll lebenswerter werden, sauberer, gesünder und grüner.

Bisher wurden 80 Prozent des öffentlichen Raums von Autos beansprucht, die nur 20 Prozent der Bewohner gehören. Diese schreiende Ungerechtigkeit soll nun korrigiert werden. Im Zentrum sollen künftig Radfahrer, Fußgänger und der öffentliche Verkehr stehen. Die Prioritäten werden anders gesetzt.

Ältere Dieselfahrzeuge, welche die EU-Grenzwerte überschreiten, werden verboten. Parken dürfen nur noch Autos von Anwohnern – aber auch E-Autos. Alle anderen PKWs müssen in Parkgaragen.

Bußgelder werden erst nach einer Übergangszeit von zwei Monaten verhängt. Die Stadtregierung will die Smogwerte mit Hilfe der neuen Verkehrspolitik um 40 Prozent senken, hauptsächlich die Stickstoffdioxide.

Madrid will die sauberste Hauptstadt Europas werden. Wie überall betreiben die konservativen Parteien Opposition gegenüber dieser restriktiven Autopolitik. Jetzt haben die Wähler die Wahl, was ihnen wichtiger ist: das Auto oder die Gesundheit. Freie Wahl für freie Bürger.

Das Jahrzehnt der E-Autos

Im Jahr 1900 fand auf der Fifth Avenue in New York eine große Fahrzeug-Parade statt. Zu sehen waren fast ausschließlich Pferdefuhrwerke und *ein* Auto. Genau 13 Jahre später gab es an derselben Stelle wieder eine Parade. Zu sehen waren fast nur Autos und *ein* Pferdefuhrwerk. Eine nahezu komplette Erneuerung innerhalb von 13 Jahren!

Was lernen wir daraus? Technologische Entwicklungen verlaufen meist disruptiv. Das heißt: am Anfang langsam, doch nach gewissen Anlaufschwierigkeiten dann ganz schnell. Wenn diese Disruptionen schon vor über 100 Jahren funktionierten, wie dann erst recht in unserer Zeit der noch viel schnelleren Entwicklungen!

Doch außer vollmundigen Ankündigungen ist bisher bei deutschen Autobauern wenig passiert. Gut, VW hat soeben beschlossen, 35 Milliarden Euro in die Entwicklung der E-Mobilität zu stecken. Das ist bereits sehr spät, denn Kalifornien, China, Japan, Frankreich, Südkorea sind beim E-Auto schon viel weiter. E-Autos oder E-Busse ohne Batterien funktionieren halt nicht. Aber wer baut die erste große Autobatterie-Fabrik in Europa? China, und zwar in Thüringen.

Es kann jedoch sehr wohl sein, dass der disruptive Durchbruch für das E-Auto schon 2019 passiert. Doch darauf sind die deutschen Autoproduzenten überhaupt nicht vorbereitet. Stellen Sie sich doch mal heute an eine vielbefahrene deutsche Verkehrsstraße und halten Ausschau nach einem BMW i3. Sie sehen viel eher einen Renault Zoe oder einen großen Tesla. In Deutschland fahren Ende 2018 trotz einiger großer Ankündigungen noch nicht mal ein Prozent der Neuwagen mit Strom. In Norwegen schon 50 Prozent! Doch 2019 kommen immerhin einige deutsche E-Modelle auf den Markt. Der Autoexperte Professor Ferdinand Dudenhöfer sieht 2019 bereits den »Startpunkt für den deutschen E-Automarkt«.

Die disruptiven Veränderungen der Vergangenheit lehren uns, dass im nächsten Jahrzehnt mit Sicherheit der Durchbruch für das E-Auto kommen wird. Die große Frage bleibt: Sind die deutschen Autobauer darauf vorbereitet? Mehrere Gründe sprechen für den kompletten Durchbruch noch vor dem Jahr 2030.

Erstens: Die vor Jahren von der deutschen Bundesregierung angekündigten eine Million E-Autos werden statt 2020 sehr wahrscheinlich 2022 erreicht sein. Gegenüber 2017 hat sich die Zahl der E-Autos hierzulande von 40.000 auf 80.000 im Jahr 2018 immerhin verdoppelt.

Zweitens: Wenn diese Entwicklung so weitergeht – bedenken Sie nur den Reiskorn-Effekt auf einem Schachbrett –, dann haben wir Ende 2019 schon 160.000 E-Autos, 2020 sind es 320.000, 2021 werden es 640.000 sein und 2022 dann 1,3 Millionen.

Drittens: Danach wird es kein Halten mehr geben, wie in den USA vor über 100 Jahren beim Benzinauto. Dafür sorgen nach der Prognose von Professor Dudenhöfer das wachsende Kundeninteresse, die ausländische Konkurrenz, Dieselfahrverbote und steuerliche Entlastungen für E-Autos. Das für Durchschnittsverdiener erschwingliche Modell 3 von Tesla kommt schon bald für 35.000 Euro auf den deutschen Markt.

Viertens: Das noch vorhandene Steckdosenproblem sollte für das Mutterland von Siemens und Bosch eigentlich lächerlich und leicht lösbar sein.

Schon bald wird in jedem deutschen Auto-Show-room ein E-Auto stehen: der E-Mini von BMW, der E-Tron von Audi, der EQC von Mercedes, der E-Nira von Nissan, der elektrische Peugeot 208. Ende 2019 bringt VW ein attraktives E-Fahrzeug für unter 30.000 Euro auf den Markt.

Fünftens: Da künftig hohe Wartungskosten und noch mehr Benzinkosten entfallen, ist schon jetzt völlig klar, dass die Zukunft dem E-Auto gehören wird. Wer seinen Strom mit eigener Solaranlage selbst produziert, zahlt noch ein Viertel gegenüber dem heutigen Tanken. Noch sicherer als das Amen in der Kirche ist die Zukunft des E-Autos.

LKWs, Busse, Schiffe oder PKWs mit über 400 Kilometer Reichweite werden eher mit solar oder Windenergie erzeugtem Wasserstoff fahren.

Die Welt fährt bald elektrisch, digital und autonom

Der »Ruin der Autoindustrie« ist gebetsmühlenartig das ewige Schreckgespenst, das die deutschen Autobauer beschwören, wenn es um umweltfreundlichere oder sichere Autos geht. Schon in den 1970er Jahren galt ihnen bleifreies Benzin als Teufelszeug. Danach die Anschnallpflicht. Dann der Drei-Wege-Katalysator. Der damalige VW-Chef meinte gar: »Kein Mensch fährt noch Auto, wenn man sich anschnallen muss.«

Später wetterten die Auto-Bosse gegen Partikelfilter in Dieselfahrzeugen. Das Gerät sollte die Feinstaubemissionen eindämmen. Inzwischen wissen wir: Alle diese Vorschriften haben die deutschen Autobauer nicht nur überlebt, sondern danach immer noch mehr

Autos verkauft. Heute fahren 45 Millionen PKWs über deutsche Straßen – so viele wie noch nie.

Was die deutsche Autoindustrie aber bald wirklich ruinieren könnte, ist ihre eigene Verschlafenheit bei notwendigen Zukunftsinvestitionen.

Nachdem die EU jetzt aber überraschend verschärfte CO_2-Emissionen für die gesamte Flotte eines Autokonzerns vorgeschrieben hat, müssen die hiesigen Autobauer endlich aufwachen, wenn sie von der ausländischen Konkurrenz nicht endgültig abgehängt werden wollen. Bis 2030 soll ein in Europa verkauftes Auto 37 Prozent weniger CO_2 ausstoßen als heute. Schon 2021 heißt das: vier Liter Benzin oder 3,6 Liter Diesel. Dieses Ziel wird nur durch die Produktion und den Verkauf von vielen E-Autos zu erreichen sein. Sie drücken natürlich den Durchschnittsverbrauch.

Fachleute gehen davon aus, dass durch die notwendigen Innovationen bis 2030 ein PKW etwa 900 Euro teurer sein wird als heute, was jedoch durch weniger Benzinverbrauch mehr als kompensiert werden kann. Autofahren wird billiger. Der volkswirtschaftliche Vorteil: weit weniger Ölimporte.

VW ist gegenüber den neuen Vorschriften am aufgeschlossensten und hat konstruktiv reagiert. Statt wie bisher geplant im Jahr 2030 30 Prozent E-Autos zu produzieren, werde man eben 40 Prozent schaffen müssen. Und dies sei möglich. Hersteller, welche die neuen EU-Grenzwerte nicht erreichen, müssen mit saftigen Strafen rechnen. BMW und Daimler reagierten entsetzt. Die Unternehmensberatung McKinsey geht davon aus, dass 2030 auf deutschen Straßen sechs Millionen Elektroautos unterwegs sein und 3,6 Millionen Ladestationen errichtet sein werden. Die meisten privat.

Die ganze Welt fährt bald elektrisch. Vom Brumm-brumm des Verbrenners zum Summsumm des leisen E-Autos. Vielleicht verstehen sogar die deutschen Autokonzerne, dass in jeder Krise auch immer eine Chance steckt.

2019 wird in Deutschland wieder einmal über Tempolimit auf Autobahnen diskutiert und gestritten. Die ersten Filme zu diesem Thema haben wir in der ARD vor 40 Jahren produziert. Ein Tempolimit von 130 Kilometer pro Stunde gibt es in ganz Europa, bis auf die kleine britische Insel Isle of Man und Deutschland. Nur bei uns und in einigen wenigen anderen Ländern wie Nordkorea, Afghanistan und Somalia gilt: »Freie Fahrt für freie Bürger« mit entsprechend hohen Verkehrstotenzahlen auf Autobahnen. Wo bleiben bei diesem Thema der gesunde Menschenverstand und die Verantwortung? Und wo das Gebot »Du sollst nicht töten«?

Alle Religionsstifter waren sich einig, dass Mitgefühl und Nächstenliebe wichtiger sind als Religion. Der Dalai Lama dazu: »Ethik ist wichtiger als Religion.« Nicht, was wir glauben zählt, sondern einzig, was wir tun.

Das fünfte Gebot ließ dem Schweizer Verkehrsminister Moritz Leuenberger keine Ruhe: »Du sollst nicht töten!« Den Sozialdemokraten trieben die 600 Toten pro Jahr auf Schweizer Straßen um. Er fragte sich: Wie kann ich als Verkehrsminister Todesfälle verhindern? Leuenberger führte ein Tempolimit ein: 120 Kilometer pro Stunde auf Autobahnen, 80 auf Landstraßen und 50 innerhalb geschlossener Ortschaften. Ergebnis: 2017 fiel die Zahl der Toten auf 230 und in der ersten Jahreshälfte 2018 auf 100. Die Schweizer Straßen, auf denen es ebenfalls ein Tempolimit gibt, gehören heute zu den sichersten der Welt. Warum stellen sich deutsche Verkehrsminister, die seit Jahrzehnten ein »C« in ihrem Parteinamen haben, nicht dieselbe Frage?

5 Die Bau-Wende ist möglich

Renovieren und restaurieren statt versiegeln

Jeden Tag werden in Deutschland mehr als 100 Fußballfelder Bodenfläche zubetoniert. Wir können ausrechnen, wann Deutschland eine einzige Betonwüste ist, falls wir diese Betonorgie nicht stoppen. In den letzten 30 Jahren haben wir hierzulande bereits ein Drittel aller Böden verloren.

Weltweit gehen jedes Jahr etwa zehn Millionen Hektar Ackerfläche verloren. Der Prozess läuft zurzeit so: immer mehr Menschen, aber immer weniger fruchtbare Böden. Auch deshalb das dramatische Artensterben. Und schon heute hungern 800 Millionen Menschen. In 50 Jahren werden wir circa 11 Milliarden Menschen sein gegenüber 7,7 Milliarden heute. Wie wollen wir mit immer weniger Böden immer mehr Menschen ernähren?

Parkplätze und Häuser, Straßen und Fabriken haben Vorrang gegenüber Land- und Forstwirtschaftsflächen. In vielen deutschen Städten wird derzeit über die Bodenfrage gestritten. Die Ansprüche an die Böden wachsen, doch der Boden wächst nicht. Böden produzieren zwar nachwachsende Rohstoffe, doch Böden sind keine nachwachsenden Rohstoffe.

Um Wohnraum oder Natur wird gestritten in Hamburg und München, in Berlin und Düsseldorf, in Frankfurt und Freiburg. Die Bodenpreise wachsen noch schneller als die Mietpreise. Am 24. Februar 2019 wurde in Freiburg über die größte Stadterweiterung seiner Geschichte abgestimmt – darüber, ob im Stadtteil Dietenbach 6.500 neue Wohnungen für 15.000 Menschen gebaut werden sollen oder ob die Wohnungen durch Aufstocken und Verdichten der vorhandenen Gebäude entstehen können. 60 Prozent der Freiburger entschieden sich für weitere Versiegelung der Böden, also für Neubau. Neu bauen oder renovieren und restaurieren? Höher bauen im Bestand oder noch mehr Boden versiegeln? Kann Freiburg, können unsere Städte ewig wachsen?

Als die Bundesregierung vor 25 Jahren von Bonn nach Berlin umgezogen ist, hat Bauminister Töpfer die Parole ausgegeben: »Ökologisches Bauen heißt primär nicht bauen, sondern renovieren und restaurieren.« In Berlin wurde kein einziges Ministerium neu gebaut. Beim Umzug einer ganzen Regierung wurde verdichtet, renoviert und restauriert. Einzig das Kanzleramt wurde neu gebaut. Ein Vorbild für die heutigen Streitfragen in vielen Städten. Es gibt immer Alternativen.

Nichts Materielles wächst ewig – außer dem Krebs. Und der wächst auch nur bis zum Tod. Die Wachstums-Ökonomie ist eine Todes-Ökonomie. Ewiges Wachstum gibt es allein im geistigen, im spirituellen, vielleicht im kulturellen und religiösen Bereich. In allen materiellen Bereichen steht nach der anfänglichen Wachstumsphase die Phase des Reifens an. Wie beim Menschen, wenn er 18 oder 20 Jahre alt ist. Kein Mensch wächst äußerlich bis ins Alter. Statt Wachstum ist nach der Adoleszenz Reife gefragt – sowohl beim Menschen als auch in der Ökonomie. Die Postwachstumsphase ist die Phase gesunden Reifens einer Ökonomie. Es stellt sich die Frage: Was wollen wir: Weiteres Krebswachstum oder gesundes Reifen? Immer mehr Wachstum oder ein gutes Leben? Dabei spielen die Böden eine zentrale Rolle.

Der Boden ist ein Tausendsassa

Alles Leben lebt von einer circa 30 Zentimeter dünnen Bodenschicht unter unseren Füßen. Ohne fruchtbare Böden gibt es keine Zivilisation: kein köstlicher Wein und kein sauberes Wasser, kein Brot und keine Butter, kein Mehl und kein Mahl, kein Rasen und keine Rose, keine Flora und keine Fauna. Die Bodenkrise ist die am meisten unterschätzte Krise unserer Zeit. Der Boden ist das vergessene Medium – auch in der Umweltpolitik und oft auch in der Umweltbewegung.

Der Boden ist ein Tausendsassa: Er speichert Treibhausgase, ist ein Wasserreservoir, ernährt uns und bietet Lebensraum für Pflanzen und Tiere, baut Schadstoffe ab, produziert Biomasse, ist Lagerstätte für Rohstoffe und beinhaltet das Archiv der Natur- und Kulturgeschichte. Die Geschichte der Menschheit ist eine Geschichte unserer Böden. Doch jetzt zeigt uns vor allem der Boden die Grenzen des Wachstums.

Wenn wir bleiben wollen, sagt Ernst Ulrich von Weizsäcker, müssen wir vieles ändern, vor allem unsere bisherige Bodenpolitik. Das Leben verlangt nach einer neuen Boden-Ethik, nach einer neuen Achtsamkeit gegenüber dem Boden. Wir müssen wieder lernen, Boden gutzumachen. Das geht natürlich nicht, wenn wir immer mehr Böden versiegeln. Global denken und lokal handeln heißt: endlich die Grenzen des Wachstums verstehen. Wir leben von der Erde und werden wieder zu Erde, hören wir bei jeder christlichen Beerdigung. Der Boden unter unseren Füßen ist die Asche unserer Großeltern.

Schon Leonardo da Vinci erkannte: »Wir wissen mehr über die Bewegung der Himmelskörper als über den Boden unter unseren Füßen.« Es ist höchste Zeit zu erkennen: Der Boden ist die Basis allen Lebens, er führt alles Tote ins Leben zurück. Jede Wiederauferstehung ist das Werk von Milliarden und Abermilliarden rastloser kleinster Lebewesen im Boden: von Larven und Spinnen, von Mäusen und Mikroben, von Pilzen und Termiten. Ohne Böden kein Leben.

Doch wie in diesem Buch gezeigt: Es gibt immer Alternativen. Am Tag, als ich dieses Manuskript abschloss, am 27. Februar 2019, erschien eine Studie der Technischen Universität Darmstadt und des Pestel-Instituts Hannover, die aufzeigte, dass in Deutschland über 2,5 Millionen neue Wohnungen gebaut werden könnten, ohne einen einzigen Quadratmeter Boden zuzubetonieren: Wohnungen auf vorhandenen Wohnungen, auf Parkhäusern, auf Bürogebäuden und auf Supermärkten.

In Hamburg wurde bereits ein Spielplatz auf einem Parkhaus eingerichtet, in Stuttgart eine Kita auf einem Aldi platziert und in Freiburg eine Kirche in 42 Wohnungen umgewandelt. Es geht also. Die neue Studie zeigt nun, dass durch höheres Bauen und Restaurieren in Deutschland weit mehr Wohnungen gebaut werden können, als Ende 2018 fehlten. Möglich sind 560.000 neue Wohnungen über Bürogebäuden, 350.000 in leer stehenden Büros, 400.000 auf eingeschossigen Lebensmittelmärkten und 20.000 zusätzliche Wohnungen auf Parkhäusern. Zusätzlich könnten auf zwischen den 1950er und den 1990er Jahren errichteten Wohngebäuden 1,5 Millionen Wohnungen gebaut werden, behaupten die Verfasser der Studie. Sie meinen auch, es sei »Luxus«, diese kostbaren Flächen freizuhalten, sie sozusagen umsonst in der Gegend herumstehen zu lassen.

Fazit: Wir können weit flächenschonender und preiswerter bauen als bisher. Es wäre zudem von Vorteil, wenn auf diese Weise kurze Wege zwischen den Lebensmittelverbrauchern und den Lebensmittelanbietern entstehen würden. Eine Politik der kurzen Wege so ganz nebenbei.

Wenn Bauland knapp wird, liegt höheres Bauen sozusagen in der Luft. Worauf warten wir?

Ich wollte in diesem Buch anhand neuer positiver Beispiele aufzeigen, dass und wie die Energie-, die Bau- und Verkehrswende möglich sind. Dass auch Wasser-, Wald- und Landwirtschaftswende möglich sind, habe ich in meinem Buch »Lust auf Zukunft – wie unsere Gesellschaft die Wende schaffen wird« deutlich machen können.

6 Zwölf Gebote, um den Klimawandel zu überstehen

1. Bis 2050 spätestens müssen die Treibhausgas-Emissionen auf null zurückgefahren werden.
2. Alles, was neu gebaut wird, muss emissionsfrei sein. Zum Beispiel durch mehr Holzbauten.
3. Ab sofort darf der Bau von Kraftwerken nur dann zugelassen werden, wenn diese erneuerbare Energien nutzen. Die heutigen Milliarden-Subventionen für Treibhaus-Dreckschleudern streichen.
4. Ab 2025 dürfen nur noch E-Autos neu zugelassen werden oder Autos mit anderen CO_2-freien Motoren.
5. Dass das geht, hat Kalifornien schon in den 1990ern bewiesen, indem es Quoten für E-Autos einführte. China, der größte Automarkt der Welt, führt solche Quoten ab 2019 ein. Jetzt müssen alle anderen folgen.
6. Neue Industrieanlagen sollten ab 2025 frei von CO_2-Emissionen sein. Ein Zeitplan, ab wann nur noch emissionsfreie Technologien verkauft werden dürfen, wird global die notwendigen Innovationen antreiben.

7. Etwa 25 Prozent der jährlichen Treibhausgas-Emissionen sind auf die Produktion von Lebensmitteln zurückzuführen – besonders auf Fleischprodukte. Deshalb sollten alle die Regeln der Deutschen Gesellschaft für Ernährung (DGE) beachten. Diese schlagen vor, den Fleischkonsum zunächst zu halbieren und dann zu dritteln. Dies hilft, Übergewicht und Bluthochdruck vorzubeugen, verlangsamt den Klimawandel und senkt die Stickstoffbelastung des Grundwassers.

8. Wir müssen den öffentlichen Verkehr stark ausbauen. Mehr Skype-Konferenzen statt persönlicher Treffen. Und wir dürfen weniger Fläche für Häuser, Straßen und Industrie zubauen. Wir müssen höher bauen und intelligenter verdichten. Ökologisch bauen heißt nicht neu bauen, sondern primär sanieren und renovieren.

9. Wir müssen weltweit aufforsten und die Wüsten begrünen, wie es die Kinder- und Jugendorganisation »Plant for Planet« seit vielen Jahren vorbildlich tut. Sie haben bereits 16 Milliarden Bäume gepflanzt. Ihr Ziel sind 1.000 Milliarden Bäume.

10. Wir dürfen nur noch Politiker wählen, die auch wirklich unsere Interessen vertreten und nicht die Interessen der alten fossil-atomaren Energiewirtschaft oder der fossilen Autowirtschaft. Demo-kratie statt Auto-kratie und: Sonne statt Atom und Kohle.

11. Entwicklung in armen Ländern ist die beste Vorsorge gegen ungebremstes Bevölkerungswachstum.

12. Wir alle können weniger kaufen und wegwerfen, mehr Fahrrad fahren und laufen, grüner feiern, zu

Ökostrom wechseln, Geld grün und fair anlegen. Wir sollten endlich tun, was wir für richtig halten. Einfacher leben, damit andere einfach überleben. Mehr denken und Widerstand leisten gegen Dummheit und Kurzsichtigkeit. Wir können uns selber vom Überfluss befreien.

Ein einzelner oder eine Einzelne kann nichts tun? Wenn jede und jeder vor seiner eigenen Haustür kehrt, wird die ganze Welt sauber. »Unsere Zukunft hängt davon ab, was wir heute tun«, sagte Mahatma Gandhi. Wer hindert uns daran, wenn nicht wir selber? Eine bessere Welt beginnt beim einzelnen Menschen.

Nach wie vor machen wir alle diese Erfahrung: Nach jedem Winter hoffen wir auf den nächsten Frühling. Und inmitten jeder Nacht beginnt ein neuer Tag. Wir müssen allerdings vieles ändern, damit es auch nach 1.000 Jahren noch nach jedem Winter wieder einen Frühling geben kann. Und nach jeder Nacht einen neuen, schönen Tag.

Weiterführende Literatur

Franz Alt: Lust auf Zukunft. Wie unsere Gesellschaft die Wende schaffen wird, Gütersloher Verlagshaus, Gütersloh 2018

Franz Alt: Die Sonne schickt uns keine Rechnung. Neue Energie, neue Arbeit, neue Mobilität, Piper, München 2013

Franz Alt: Der ökologische Jesus. Vertrauen in die Schöpfung, Goldmann, München 2003

Franz Alt: Was Jesus wirklich gesagt hat. Eine Auferweckung, Gütersloher Verlagshaus, Gütersloh 2015

Clemens G. Arvay: Der Biophilia-Effekt. Heilung aus dem Wald, edition a, Wien 2015

Clemens G. Arvay: Biophilia in der Stadt: Wie wir die Heilkraft der Natur in unsere Städte bringen, Goldmann, München 2018

Rachel Carson: Der stumme Frühling, Verlag C. H. Beck, München [5]2019

Club of Rome/Dennis Meadows: Die Grenzen des Wachstums. Bericht des Club of Rome zur Lage der Menschheit, Deutsche Verlags-Anstalt, Stuttgart 1972

Richard Cohen: Die Sonne. Der Stern, um den sich alles dreht, Arche, Zürich 2012

Dalai Lama/Franz Alt: Ethik ist wichtiger als Religion. Der Appell des Dalai Lama an die Welt, Benevento, Wals 2015

Thomas Gebauer/Ilija Trojanow: Hilfe? Hilfe! Wege aus der globalen Krise, Fischer, Frankfurt a. M. 2018

Michail Gorbatschow/Franz Alt: Nie wieder Krieg – Kommt endlich zur Vernunft, Benevento, Wals 2016

Qing Li: Die wertvolle Medizin des Waldes. Wie die Natur Körper und Geist stärkt, Rowohlt Polaris, Reinbek 2018

Wolfgang Palz: The Triumph of the Sun. The Energy of the New Century, Pan Stanford, Singapore 2018

Christoph Quarch: Platon und die Folgen, J. B. Metzler, Stuttgart 2018

Hermann Scheer: Der energethische Imperativ. Wie der vollständige Wechsel zu erneuerbaren Energien zu realisieren ist, Kunstmann, München 2010

Hans Joachim Schellnhuber: Selbstverbrennung: Die fatale Dreiecksbeziehung zwischen Klima, Mensch und Kohlenstoff, C. Bertelsmann, München 2015

Ernst Ulrich von Weizäcker/Anders Wijkman: Wir sind dran. Club of Rome: Der große Bericht: Was wir ändern müssen, wenn wir bleiben wollen. Eine neue Aufklärung für eine volle Welt, Gütersloher Verlagshaus, Gütersloh 2017

Peter Wohlleben: Das geheime Leben der Bäume. Was sie fühlen, wie sie kommunizieren – die Entdeckung einer verborgenen Welt, Ludwig, München 2015

Muhammad Yunus: Ein anderer Kapitalismus ist machbar: Wie Social Business Armut beseitigt, Arbeitslosigkeit abschafft und Nachhaltigkeit fördert, Gütersloher Verlagshaus, Gütersloh 2018

Die Bibelzitate in diesem Buch folgen der Einheitsübersetzung (Herder Verlag, Freiburg 1980).

Franz Alt

Franz Alt, Jahrgang 1938, wurde vor allem bekannt als Moderator des Politmagazins Report. Der studierte Theologe, Journalist und Buchautor engagiert sich seit Jahren für die Ökologie, insbesondere für die Förderung alternativer Energien. Seine Bücher wurden in 22 Sprachen übersetzt und erreichten eine Auflage von über drei Millionen. In seinem Blog »Alt-ernativ« schreibt der mit zahlreichen Umwelt- und Medienpreisen ausgezeichnete Autor für chrismon über Gesellschafts- und Zukunftsfragen.

Den chrismon-Blog
Alt-ernativ finden Sie hier:
www.chrismon.evangelisch.de/
blogs/alt-ernativ

Hier finden Sie täglich neue
Meldungen zu den Themen
dieses Buches:
www.sonnenseite.com

Kontakt:
franzalt@sonnenseite.com